十二支の民俗誌

十二支の民俗誌

佐藤健一郎・田村善次郎 著
写真 工藤員功

八坂書房

十二支の民俗誌　目次

はじめに

年賀状やカレンダーなどを見ると、その年の干支《えと》をデザインしたものが多い。また、生まれた年を干支で示すことも稀ではない。干支は、現在も我々の生活と密着したところで生きているといえるだろう。

干支といっても、現在では、十二支〈子・丑・寅・卯・辰・巳・午・未・申・酉・戌・亥〉だけが意識されることが多いのだが、本来は、十干〈甲・乙・丙・丁・戊・己・庚・辛・壬・癸〉と十二支とを組み合わせたものである。その組み合わせは六〇で一周りする。数え年の六一歳を還暦といって祝うのは、干支が一周りして生まれ年の干支に返る年に当たるからである。

干支は中国から伝えられたものだとされている。十干・十二支のそれぞれの名は、殷墟から発掘された甲骨文に刻されているというから、中国では非常に古くから用いられていたことがわかる。日本でもすでに奈良時代には用いられていて、干支に関する知識は『日本書紀』などを読む場合に必須のものである。周知のように『日本書紀』では、たとえば、一二月二七日を「十有二月《しはす》の丙辰《ひのえたつ》の朔壬午《みずのえうまのひ》」というように記載している。今日の干支は壬午で一二月の朔《さく》（ついたち・一日）は丙辰であるからそれから数えて壬午は二七番目に当たるから二七日であるという表記である。古くは中国でも、干支は日を示すものであったが、後に年や月をも

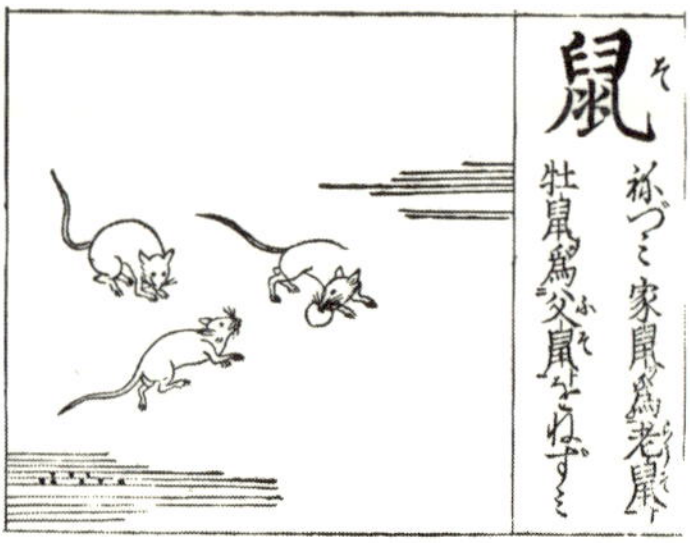
鼠
そ

牛
ご

虎
こ
とら
於菟 並同
烏䖘

兎
と

龍
たつ

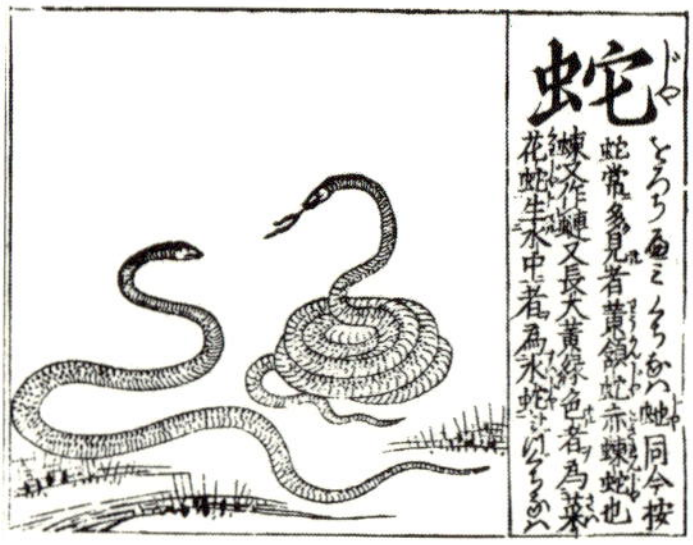
蛇
じや

中村惕斎『訓蒙図彙』より

示すようになったのだという。また、十二支だけで方角や時刻を示すのもかつては一般的であった。正午といい、午前・午後というのも、午の刻が昼の一二時だったことの名残である。

十二支のそれぞれに特定の動物、鼠・牛・虎・兎・龍・蛇・馬・羊・猿・鶏・犬・猪を当てていることは、日本でも一般化・常識化している。これも中国起源だとされている。中国で十二支に鼠以下の一二獣を当てるようになったのは、戦国時代（紀元前四〇三―二二一年）頃からであろうといわれている。日本や韓国・北朝鮮などでは、それをそのままの形で受け継ぎ使い続けているわけである。ただ、これらの一二獣が何故十二支に配されたのか、さまざまにいわれているが、その正確な理由はわからないというのが正解のようである。私たちはそれを所与のものとして受け取り、使い続けてきているのである。

ここでは、その詮索はひとまずおくことにして、これらの動物が日本人とどのように関わってきたのか、私たち日本人がこれらの動物に対してどのような想いを抱いているのかについて、私たちなりに考えていくことにしたい。

1	甲子（きのえね）	31	甲午（きのえうま）
2	乙丑（きのとうし）	32	乙未（きのとひつじ）
3	丙寅（ひのえとら）	33	丙申（ひのえさる）
4	丁卯（ひのとう）	34	丁酉（ひのととり）
5	戊辰（つちのえたつ）	35	戊戌（つちのえいぬ）
6	己巳（つちのとみ）	36	己亥（つちのとい）
7	庚午（かのえうま）	37	庚子（かのえね）
8	辛未（かのとひつじ）	38	辛丑（かのとうし）
9	壬申（みずのえさる）	39	壬寅（みずのえとら）
10	癸酉（みずのととり）	40	癸卯（みずのとう）
11	甲戌（きのえいぬ）	41	甲辰（きのえたつ）
12	乙亥（きのとい）	42	乙巳（きのとみ）
13	丙子（ひのえね）	43	丙午（ひのえうま）
14	丁丑（ひのとうし）	44	丁未（ひのとひつじ）
15	戊寅（つちのえとら）	45	戊申（つちのえさる）
16	己卯（つちのとう）	46	己酉（つちのととり）
17	庚辰（かのえたつ）	47	庚戌（かのえいぬ）
18	辛巳（かのとみ）	48	辛亥（かのとい）
19	壬午（みずのえうま）	46	壬子（みずのえね）
20	癸未（みずのとひつじ）	50	癸丑（みずのとうし）
21	甲申（きのえさる）	51	甲寅（きのえとら）
22	乙酉（きのととり）	52	乙卯（きのとう）
23	丙戌（ひのえいぬ）	53	丙辰（ひのえたつ）
24	丁亥（ひのとい）	54	丁巳（ひのとみ）
25	戊子（つちのえね）	55	戊午（つちのえうま）
26	己丑（つちのとうし）	56	己未（つちのとひつじ）
27	庚寅（かのえとら）	57	庚申（かのえさる）
28	辛卯（かのとう）	58	辛酉（かのととり）
29	壬辰（みずのえたつ）	59	壬戌（みずのえいぬ）
30	癸巳（みずのとみ）	60	癸亥（みずのとい）

十干十二支

十干十二支と方角・時間

寺島良安『和漢三才図会』(1712年)より

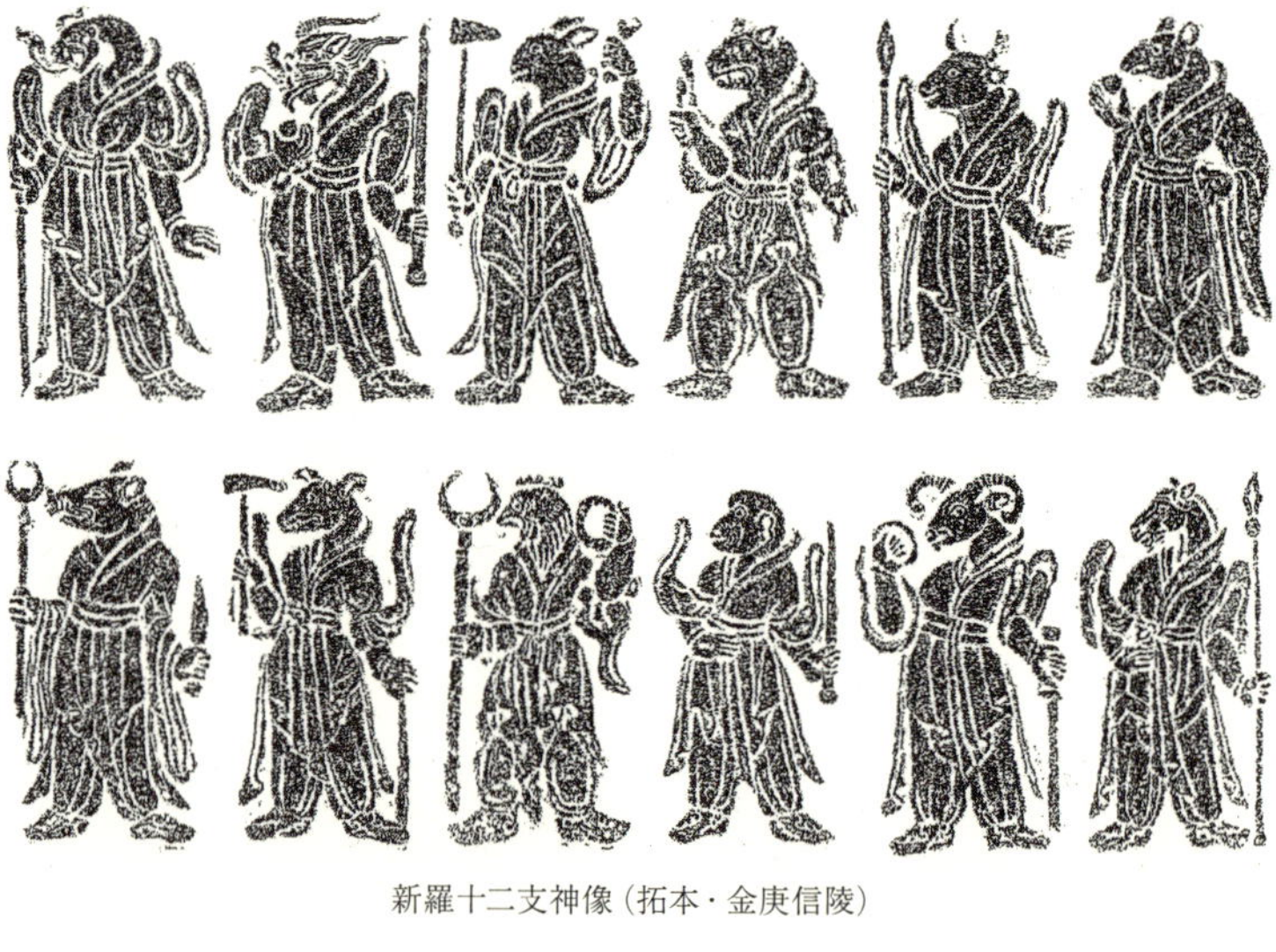

新羅十二支神像(拓本・金庚信陵)

子・鼠

十二支の最初は「子（ね）」である。動物は鼠が当てられている。、その理由はよくわからない。しかし、子年になると鼠にちなんだ置物や絵馬が現在でも繰り返し登場する。そのことを私たちは取り立てて疑問に思ってはいない。

鼠は、私たちにとって馴染みの深い小動物である。日本でごく普通に見られる鼠は、ハタネズミ・クマネズミ・エジプトネズミ・ドブネズミ・ダイコクネズミ・ハツカネズミなどである。これらの鼠が、それぞれの習性に応じて屋内にも畑にも、野にも山にも棲みわけている。そして衣服を齧《かじ》り、穀物を食べ、作物を荒らす。

鼠は、栗鼠《りす》などと同類のげっ歯類に属し、上下の顎に各一対の鋭い門歯を持っている。この門歯は、使わないと伸び過ぎて摩耗障害《まもうしょうがい》を起こす。それで、鼠は、堅いものを齧って門歯の伸び過ぎを防ぐという習性を持っているのである。そのために柱や壁、鉛管などを齧って穴をあけ、思わぬ災害の原因を作ったりもする。また、ペストなどの伝染病を媒介する動物としても知られている。家の人がちょっと油断をした隙に赤ん坊が齧られた、などという怖い話もある。

鼠と諺

古くから、人は、鼠の害を除くために猫を飼い、鼠取りの罠を掛け、また、岩見銀山鼠取りなどという毒入りの団子を与えたりしてきたのだが、なにしろ鼠算などという計算問題が考えられるほどに繁殖力旺盛な動物であるから、とても簡単に駆除し尽くせるようなものではない。ときには異常繁殖をした鼠の大群が海を泳いで島に渡り、作物を喰い尽くして無人島にしてしまった、などという嘘のような話も伝えられている。

大分県の佐伯湾口にある大島は、陸から渡ってくる鼠が多いところだが、その害が特にひどい年には、集落ごとに神官を呼んで祈禱をしてもらったという。それをネズミマツリといっている。

福島県南会津郡では鼠が多く出没して被害の目立つときには、ネズミオクリを行なった。捕らえた鼠を生きたままサンダラベシ（桟俵）に入れ、若者が村境まで担いで送っていき、捨ててくるのである。そのときには村中総出で

　鼠、鼠送るぞ
　なに鼠送るんぞ
　はやり鼠送るんだ
　ソッパノママジロ

と唱えながら後についていったという。

鼠送りの習俗は伊豆の北部にもあった。ここでは一匹の鼠を捕えて輿《こし》に入れ、鉦太鼓で囃しながら海岸ま

で担いでいき海に放す。そうすると今まで山野を荒らしていた鼠の群が海を渡って去るのだという。かつて各地の農村で行なわれていた虫送りと同様の行事を鼠についても行なっていたのである。

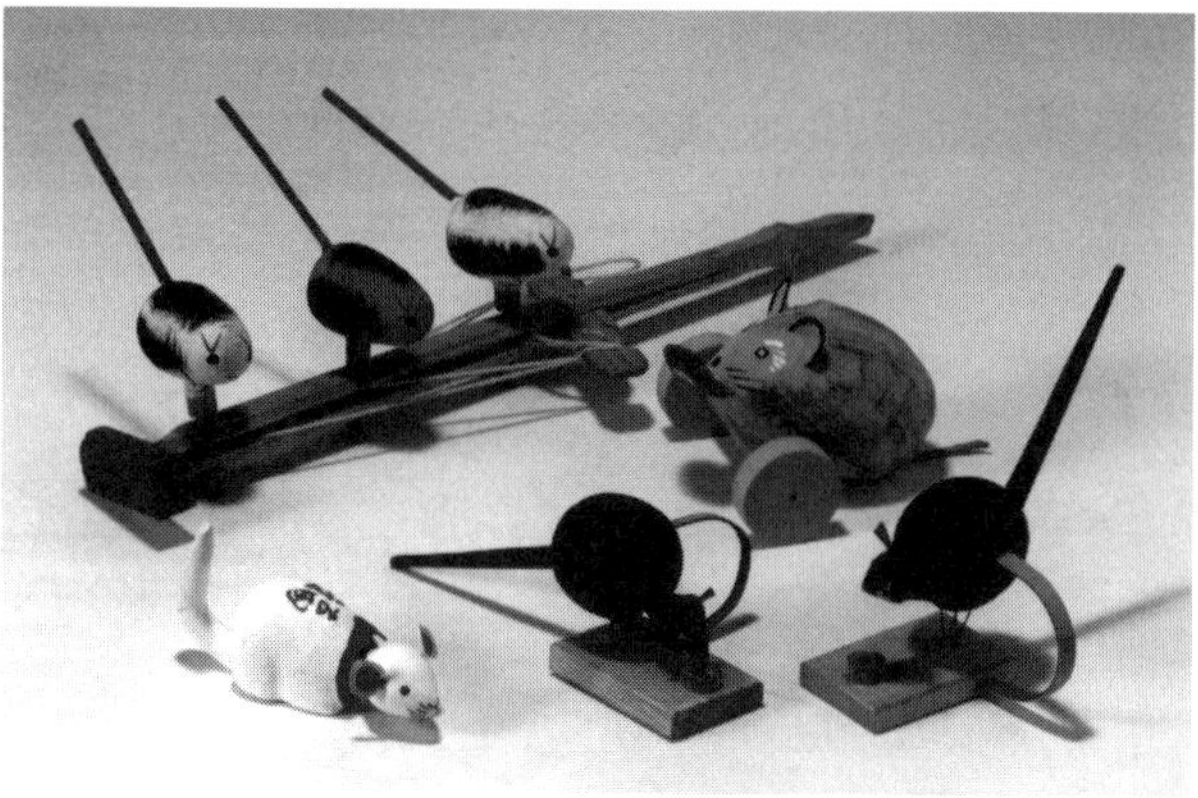

鼠の玩具４種　まわりねずみ（名古屋）、倉敷張り子（岡山県）、豆ねずみ（松江）、米食いねずみ（金沢）

『枕草紙』には、

　きたなげなる物、鼠の住家、つとめて手おそく洗う人。

と記されており、また、兼好法師は、

　其の物につきて、そのものを費やしそこなふもの数を知らず。身に虱《しらみ》あり、家に鼠あり、国に賊あり、小人に財あり、君子に仁義あり、僧に法あり。

と『徒然草』に書いている。寛永九（一六三二）年刊行の『尤草子《もっとものそうし》』には「悪き者、物を齧る鼠、花を散らす鳥」とある。

　このように、鼠は汚らしい厄介な悪者と考えられてきたのである。もちろん、鼠は害をなす動物ではあるが、家には必ずいるものという認識も持たれていた。「家に鼠、国に盗人は絶えず」（『譬喩尽《たとえづくし》』）という諺は、そのことを端的に示すものである。

　家の内で傘をさせば鼠が荒れる

　紙に包んだ蛍を鼠が食うと火事になる

　泰山鳴動して鼠一匹

鼠衣服を嚙めばその家に口舌《くぜつ》あり
鼠が塩を引く
鼠壁を忘る、壁鼠を忘れず
鼠に黄金、馬の眼に銭
鼠に投げんとして器を忌《い》む

などという鼠にまつわる多くの諺が各地に伝承されているのも、鼠が自分たちの生活に身近なところで深く関わっていたからであろうと思われる。

妊娠中に鼠の穴を塞ぐと難産すると伝えている地方もある。

鼠はこそ泥などと同様、油断も隙もならない動物ではあるが、身辺に出没し、日常的に接触することの多いものであるだけに、親しみを感じてもいたのである。

鼠に願う家内安全

鼠に関わる諺は先にあげたもの以外にもたくさんある。その中には、

鼠が家にいると繁盛する
鼠が天井を駆け回るときはよい

鼠がいなくなれば何か悪いことが起こる
家に鼠がいなくなると追々貧乏になる
唐傘、鼠に食わるればその家富貴する

などといった類のものが広く伝えられている。これらの諺は、鼠が家に付きものであるという以上に、家にいなければならないもの、そして、いることによって家の繁栄がもたらされ、いなくなると悪いことが起こるという意識が強く持たれていたことを示しているといえるだろう。鼠は大切な動物でもあったのである。

鼠が木登りすると水害がある
鼠川を渡れば火災に遇う
鼠のいる家は火難がない
鼠がいなくなればその家に火災がある
鼠が畳の塵をほじると引っ越しがある
鼠が逃げ出すのをみたら船には乗るな

などという諺もほぼ全国的に分布しているものであるが、先にあげた諺と同じ感覚から生まれたものであり、さらに鼠の持つ不可思議な予知能力を感じとった先人の観察力を示すものでもある。

鯰と地震の関係など、実証することはたいへん困難であるが、動物の予知能力についてさまざまな形で伝えられていることはよく知られているところである。これらの諺は、鼠が、汚いもの、害をなすものであると同時に、家の繁栄や人の幸せを司る何らかの力を持ったものと考えられていたことを示すものでもある。

鼠と祝う日本の正月

明くる夜もほのかに嬉しよめが君

という句がある。宝井其角《たからいきかく》が正月に詠んだ句である。

「嫁が君」というのは鼠の忌み言葉・正月言葉で、新年の季語として採用されている。

江戸時代の方言辞典の一種である『物類称呼《ぶつるいしょうこ》』には、

ねずみ　関西にて嫁、また、嫁が君といふ。上野《こうづけ》にて夜の者、また嫁、またお福、また娘なといふ。東国にも、嫁とよぶ所多し。遠江《とおとうみ》国には年始にばかり嫁とよぶ。（中略）今按ずるに年の始めには萬の事祝詞を述べ侍る物にしあれば、寝起と云へる詞を忌み憚りて、いねつむ、いねあぐるなど唱ふるたぐひ数多有り。鼠も寝のひびきはべれば、嫁が君とよぶにてやあらん。

とある。鼠の「ね」が寝るの「ね」に通ずるからという説の是非はともかくとして、鼠もまた嫁が君とか嫁ご・嫁ごぜ・嫁じょ・お福・上の人・夜の者などと特別な名称・忌み言葉で呼ばれ、もてなされる存在だったのである。このように呼ぶ風は正月に多かったが、地方によっては一年中忌み言葉を用いるところがあった。

秋田県鹿角郡《かづのぐん》では、大晦日の晩に小さな鼠形の餅を九個くらい作って、普段に炊く白米を入れて貯蔵する容器であるケシネビツの上に供えたもので、これを鼠の年玉またはフクゾといった。フクゾは福蔵で、お福と同系の正月言葉であろう。

長崎県壱岐島、岡山県岡山市などでも正月にネズミノモチといって鼠に餅を供えているし、長野県北安曇《あづみ》

子年の絵馬４種

郡地方では、ネズミノトシトリといって、小正月（正月一五日）の夜、その日作った稲の花という餅花の小枝を盆に載せ、米粒少々にゴマメを添えて鼠に与えるために勝手の棚などにおいた。南安曇郡にも同じ行事があるが稲の花は供しない。同じ長野県小県郡長村《おさむら》（現上田市）では、正月三日をネズミノトシトリといい、暗がりに飯などを出しておく家もあったという。

　岡山市などで正月にネズミノモチを供えるのは、一年中の鼠の害を除けるためだと解釈されている。しかし、一方で、鼠は福神である大黒様のお使いとして、福・宝をもたらす神聖なものでもあると考えられてもいたのである。

　先に紹介した「妊娠中に鼠の穴を塞ぐと難産する」という諺は、多産で繁殖力の強い鼠にあやかり、安産と子孫繁栄を祈る庶民の切ない気持ちから生み出された俗信だと考えられる。安産と穴は重要な関係を持っていて、底の抜けた柄杓を神前に供えて安産を祈願したり、大きな洞ができた巨木に祈ったりしてきたのだが、鼠の穴の場合は、それだけではなく、根底のところに、鼠の神聖さにつながる感覚があってのことではないかと考えられる。

　東京都西多摩郡の山地では、麦蒔きが終わった一一月二三日頃、餅をついて畑に埋めて地神様に供えた。これを、ネズフタギと呼んでいる。ネズフタギは鼠の穴塞ぎであろう。群馬県吾妻郡《あがつまぐん》でも、麦蒔き終わりの後に作る萩の餅をネッツフサギ餅といい、鼠やモグラを除けるためだと伝えている。

しかし、先にあげた諺との関連でいえば、単に鼠やモグラの害を除けるために餅を供えるということでないことは明らかである。鼠を神聖な存在と考えていたからの供物であったに違いない。

播州（兵庫県）赤穂の俗信に、麻疹《はしか》のときは、

鼠の糞三つ、柿の種三つ、小豆三粒を米のとぎ汁の中へ入れて洗ってやり、その水を捨てるとき、ごくろうさんと言って後ろを見ないで帰ると治る。

といわれている。また、瘭疽《ひょうそ》になったときには、

鼠の糞を煮出して、その湯の中に指を入れておくと治る。

ともいわれている。

このような薬効も、現代の医学がどう判断するかはわからないが、昔の人びとが、鼠が害をなすだけの動物ではなく、基本的には神聖な動物であると認識していたからに違いない。

大国主神と大黒天と白鼠

『古事記』上巻に、大国主神が兄弟たちに追われて、根の国に逃れ、スサノヲ（須佐之男命）の娘のスセリ

ビメ（須勢理毘売命）と結婚する話が載っている。そのとき、大国主神はスサノヲからさまざまの難題を課せられる。

縁起物の鼠各種（神社の授与品）

大国主神は、まず、蛇の室《むろ》に入れられ、さらに、蜈蚣《むかで》と蜂の室に入れられたりする。その後、スサノヲは、鳴鏑《なりかぶら》を野原に射て、それを採って来いと大国主神に命じるのである。そこで、大国主神は野原に入る。すると、スサノヲは火を放って野を焼く。そのとき、鼠が出て来て、大国主神に、

内はほらほら、外はすぶすぶ。

と教えたというのである。「内はほら穴で、外は狭くなっている」といった意味である。大国主神は、大地を踏んで土中のほら穴に落ち込み、そこに隠れて、火が燃え過ぎるのを待った。火が去ってしまうと、先の鼠が鳴鏑をくわえて出て来て、大国主神に捧げた。矢の羽は、鼠の子供たちによってすっかり食われていた。こうして、大国主神はスサノヲの試練を克服し、葦原中国《あしはらのなかつくに》の主宰神にまで成長していくのである。

この話の鼠は、苦難に出会った英雄を助ける役割を担っており、悪者の側面は見られない。『古事記』には、他に鼠は出て来ないから、

古代社会での鼠は救済者であったということができるだろう。鳴鏑は、現在でも正月に神社で授与しているように、魔を払う依代《よりしろ》の一種である。それを大国主神に捧げるのは鼠であり、また、子鼠が羽を食べたというところから考えても、鼠には神の使者ともいうべき性格が与えられているということができる。

苦難を乗り越えて矢を確保したとき、大国主神は支配者として確立するのである。その意味では、鼠は、根の国の主宰神であるスサノヲの使者とも考えられる。また、根の国は地底にあると考えられていたのであり、その点では、鼠は地底の存在と意識されていたということができるであろう。

後に、大国主神は、大黒天と混同されたかたちで信仰されるようになる。大黒天は、平安時代の天台系寺院の厨房《ちゅうぼう》に祀られ、中世以降、恵比寿とともに、庶民の台所の守護神として祀られるようになったものである。現在でも、大黒天の像や絵姿を台所に祀っている家庭は多い。また、大黒天は七福神に加えられ、福の神としても知られるようになった。頭巾をかぶり、小槌を持ち、大きな袋を背負って米俵の上で笑っている大黒天の姿は、まさに福の神にふさわしいといえるだろう。そして、大黒信仰は、大黒舞という初春の門付け芸によって、各地に広まっていったのである。この大黒天の使者として信仰されていたのが、白い鼠である。

地底に広がる理想郷の住人は

岩手県紫波郡《しわぐん》の昔話に、次のような鼠の話が伝えられている。

山の畑で仕事をしていた爺が、弁当の蕎麦焼餅を鼠にやると、お礼に鼠の家に招待される。目をつぶって鼠についていくと、立派な座敷に案内され、子鼠まで出てきて礼をいい、餅をついて御馳走をしてくれ、帰りにはお土産に大判小判をくれた。それを聞いた隣の爺が、あやかりたいと蕎麦焼餅を鼠にやる。隣の爺は、まんまと鼠の国に招待されたが、宝物をすべて奪おうと欲を出して猫の鳴き声を真似たところ、穴は闇となり、失敗したという話である。

これは「おむすび、ころりん」とか「鼠の浄土」という名で知られている昔話で、穴に何かを落としたら、その穴の中には鼠の世界があったという設定のものも多い。類似の昔話は、青森県から鹿児島県まで広く分布している。なお、鼠に与える物は、餅や握り飯や米粒、豆・団子などさまざまである。

同型の話で、岩手県雫石町《しずくいし》に伝わるものでは、次のようになっている。庭掃きをしていた爺が、鼠の穴に豆を一つ落とす。爺が、穴の中へ捜しにいくと、地蔵がいて、「私が食べた、奥で鼠が嫁取りの仕度をしているから手伝え」という。爺は、鼠の唐臼搗きの手伝いをし、お礼に着物や黄金を貰った。

これは「地蔵の浄土」といわれる系統の話で、隣の爺が真似をして失敗する話がこれに続いている点でも「鼠の浄土」と同じなのだが、興味深いのは、穴の中に地蔵がいるというところである。岩手県東磐井郡《ひがしいわいぐん》には、穴の中に観音がいたという話も伝えられている。

地蔵や観音が、平安末以降、人びとを救済してくれる菩薩の代表として、民衆に広く信仰されてきたことはいうまでもない。その地蔵や観音と鼠とは深く関わっており、むしろ、宝物を直接くれるのは鼠なのである。

地底に、鼠の管理する一種の理想郷を見ていたともいえるであろう。

沖縄では、海の彼方にニライカナイという理想郷を想定しているが、鼠はそこから来たといわれている。鼠の穴は、人間と理想の世界とを結ぶ通路だったのである。

「鼠の婿選び」とか「鼠の嫁入り」とかいわれる話がある。

娘に天下一の婿をと願った鼠が、太陽に頼みにいくと、太陽は自分を隠す雲の方が偉いといい、雲は自分を吹き飛ばす風の方が偉いといい、風は壁にはかなわないといい、壁は自分を囓る鼠にはかなわないといった。結局、婿は鼠に決まった。

これは、高望みをせず、分相応に考えなければいけないという教訓話と考えられているが、結果として、鼠を最高のものと位置づけていることは明らかである。

鼠は、人に害を与える困った動物であるには違いないが、同時に、地底の彼方に存在する浄土・楽土の住人であり、地中に穿たれた小さな穴を通じて人の世を訪れ、福を授けてくれるありがたい存在でもあると私たち日本人は考えていたのである。

丑・牛

「丑」は十二支の第二位に当てられている。訓ではウシと読むが、音ではチュウである。字形は手で物を取ることを示す象形からきており、紐と同意で、物を結ぶ、締めつけるなどの意味に用いられるのだという。丑には牛が配されている。それは、中国語の紐（ニュー）と牛（ニュー）の音の類似からきたのだという説などがあるが、いずれも後人の推測による解説で、正確にはわからないというのが正しい。

牛という場合、広義には、偶蹄目ウシ科・ウシ亜科に属するすべての種をさすが、一般的には家畜としてのイエウシ（家牛）をさすことが多い。それだけイエウシが人と関わりが深く、親しまれてきたからであろう。現在、世界各地で牧畜・飼育の対象となっているイエウシは、大きくヨーロッパ系とアジア系に分けられるが、その祖系は新石器時代にヨーロッパからアジアの大部分、アフリカ北部にかけて広く棲息していた野生のオーロックスが、新石器時代の初期に西アジアの丘陵地帯で馴化《じゅんか》され、家畜化されたものだとされている。

家畜としての牛は、ミルク・肉の食用としての利用はもちろんであるが、麦作を中心とする地中海型の農業地帯では、早くから農耕にも利用し、牛に犂を牽かせる犂農耕を発達させてきたし、交通や運搬に利用するほか、宗教的な側面にも重要な役割を持つなど、多方面にわたって人の生活と大きく関わってきたのである。

古代に繰り返された肉食禁止令

日本では、縄文時代の遺跡から骨などの遺物が出土することから牛が早くからいたことは認められているが、縄文、弥生期の牛は家牛ではなく野生牛で、在来牛とされている黒毛和牛の祖先は、古墳時代に大陸から渡来したものだと考えられている。黒毛和牛は農耕や交通・運搬のために多く利用され、平安時代には貴族の乗り物である牛車《ぎっしゃ》の牽引に用いられてきたことはよく知られているところである。日本では、一般的に牛飼育の大きな目的の一つである、ミルク・肉などの利用はきわめて少なかった。しかしまったくなかったわけではない。

新井白石の『東雅《とうが》』には「東国之俗には、牛をタジシといふ也、タジシとは田鹿也」とある。また岡山県や長崎県南高来郡《みなみたかきぐん》などでは牛あるいは食肉をタジシといっている。シシという言葉は、猪・鹿をさす名詞として用いられることが多いが、本来は肉、特に食用とする獣肉のことであり、猪・鹿が食肉獣の代表的なものであったことからの転用であることからすると、牛をタジシというのは、この肉が食用とされていたことを示しているのだと考えてよいだろう。

天武天皇四（六七五）年四月庚寅（一七日）の「牛・馬・犬・猨《さる》・鶏の宍《しし》を食ふこと莫《まな》（なかれ）」（『日本書紀』巻二九）という詔勅を最初として、以後、繰り返し何回にもわたって肉食禁止令が出されている。これはそうした禁令を繰り返し出さなければならないほど根強く肉食が行なわれていたことの証《あかし》ともいえるのだが、全体的には日本は肉食の少ない国であったといってよい。日本で四足の獣、特に牛馬の肉を食用とする風が

牛の絵馬5種

なかった、あるいは少なかったことの理由として、殺生・肉食を戒律として禁止した仏教に基づくものだとする考え方が広く流布している。肉食の禁止に仏教が強い影響力を持ったことは否定できないが、それが日本人が牛馬の肉を食べなかった理由のすべてだとすることはできないだろう。仏教でも、また牛を聖なる動物として殺したり、虐待することを厳しく戒めているヒンズー教でも、ミルクや乳製品の利用は禁じていないのである。日本では牧畜の重要な生産物の一つであるミルクの利用も、一般化していない。

　牛乳とそれを加工して利用する技術は、古代日本にも存在していた。そのことは和銅六（七一三）年五月に「始テ山城国ニ乳牛《ちちうし》ノ戸《へ》五十戸ヲ點《とむ》セ令《し》ム」（『続日本紀』巻六）という記事などによって、乳牛の飼育が早くから行なわれていたことを知ることができるし、また乳製品である蘇《そ》、酪《らく》などが平安時代までは、かなり重要な産物として各地で作られ、朝廷に進貢されていたことも『延喜式』その他の文献によって明らかである。奈良時代や平安時代の蘇、酪、あるいは醍醐《だいご》などの乳製品が現在のバター、チーズ、ヨーグルトなどのどれに近いのか、どう違うのかというようなことは正確にはわからないが、『延喜式』などをみる限りでは、一般に想像している以上に広い範囲で搾乳や乳加工が行なわれていたことがわかる。しかし、これらのミルクや蘇、酪、醍醐などは食用としてではなく、朝廷や貴族などの薬餌《やくじ》の料として用いられたものであった。これらの製法や用法は、その技術と習慣を持っていた渡来人によってもたらされたのだと考えられるが、それが日本に定着し一般化することなく、律令体制の弱体化とともに次第に衰微していった。

日本の家牛は、食用を主目的として飼育されたものではなかった。農耕や運搬の用に供する役畜としての目的が大きかった。特に上り下りが多く、道路条件の悪い山地での物資運搬には、力も強く、山道を歩くのに適した牛は欠かせないものであった。北上山地や中国山地が牛産地と成り得たのは、この山地での砂鉄精錬が大きく関わっているのである。また、農家にとって、牛は、単に役畜というだけでなく、厩肥《きゅうひ》の生産に欠くことのできない存在でもあった。それだけに牛は貴重な財産として大事に扱われていた。そのことは牛に関する年中行事などによく現われている。

牛と小正月

牛と関わりのある年中行事には次のようなものがある。

広島県の各地では、正月一一日をウシショウガツといい、地神の祭を行なう。一一日に餅を搗いて、牛や馬に与える行事を行なう地方は多い。青森県上北郡地方では、一一日にウシノモチウマノモチといって、牛馬に方七寸の餅を与えた。

島根県隠岐の都万村《つまむら》では、正月一四日をウシノトシトリノヒといって、牛に雑煮を食べさせる。大晦日の夕食を年取の膳といって、一家一同で祝う風習を残している地域は少なくなったが、かつてはこの夕方から正月が始まっていたのである。一四日は、小正月、すなわち望《もち》の正月の前夜である。

小正月は満月を祝う意識から生まれた儀式で、かつてはこの望の正月こそが正月であったと考えられている。奈良時代に暦の伝来などがあって、官では、大正月、すなわち一月一日を年の始めとして祝うようになってきたのであるが、民の世界では、古い風が残されてきた。まさに、小正月は、農民の正月ともいえる性格のもので、現在も農村部では広く行なわれている。

正月一一日というと、現在では鏡開きの日としてお汁粉を祝う地方が多いが、これは江戸時代になってからのことで、鏡開きは二〇日に行なうのが古風であった。一一日は、古くから仕事始めの日と考えられていて、田打ち正月、蔵開き、鍬始め、肥曳き初めなどさまざまな行事が行なわれていた。

和歌山県熊野地方でウシノオイソメというのは、正月一一日に、牛小屋という仮屋を建てて、そのまわりを三度牛に回らせ、それから村の本道を走らせる行事である。村の者が手に手に柴を持って鬨《とき》の声をあげて追うのである。同じ和歌山県熊野地方では、牛の田掻きをウシカケという。牛駆けという呼称も、かつて裸牛を駆けさせて、その遅速によって年を占った儀式があって、それが次第に農作と提携するようになった経路を表しているのではないかと考えられている。

福岡県小倉市（現北九州市）付近では、正月一一日を牛の使い初めをする日としている。この日、ウシトバセといって、アキノカタに牛の頭を向けてスキハジメをするのである。帰ってくると、牛に団子を与える。村によっては、この日に牛の子の祝いをする。これらの行事を牛飛ばせというのだが、この呼称から考えると、以前この地方にも牛を走らせる行事があったと思われる。正月は、一年を占う儀式の多い月であるから、そのような意味の行事があったと考えられるのである。

先に記したように、確かに、牛は、労働力として重要であった。その意味では、ウシノオイソメなどは労働始め、仕事始めの儀式としての側面を強く持っているといえるだろう。しかし、餅を供えたり、占いに関係したりするところからみると、単なる家畜とは考えにくいといわざるを得ない。

五月の節句と牛神祭

五月の節句の日に牛神祭を行なう地方は少なくない。岡山県邑久郡《おくぐん》では、この日、飼牛の角に菖蒲を飾り、また、麦藁で牛の形を作って、牛神様に詣で、その牛を神木につないでくる。牛神の神木には檀《まゆみ》の木などが多かった。

ウシサンガン（牛様願）は、愛媛県周桑郡《しゅうそうぐん》の行事で、五月四日夕方に、子供たちが榊と煎豆をあげて、塚や老木、石などを拝むものである。そのとき、

牛さんがん　馬さんがん
来年の今頃は

牛鍬一丁馬鍬一丁
肩にかけ南の山を一飛

と唱え、人の撒《ま》いた豆を拾って食べ、決して家には持ち帰らないという。

赤ベコ（福島県会津若松市）

香川県三豊郡《みとよぐん》高室村《たかむろそん》（現観音寺市）では、五月の節句に、鯖《さば》や鯵《あじ》など、ときには鰆やサゴシなどの尾を菖蒲で括ったり、あるいは菖蒲を鰓《えら》に通して、飼っている牛の一方の角に掛ける。これをウシノイオ（牛の魚）とも、カケノイオ（掛けの魚）とも呼んでいる。

岡山県勝田郡では、五月六日をウシノショウブといい、牛小屋に菖蒲を葺く。災害除けということである。この地方では五月五日のことをショウブといっているから、人間よりも一日遅れて牛の祝いをすることになる。広島県高田郡では、五月五日、または一六日をウシノヤスミといい、この日は牛を使わないという村が多い。五月中は牛を使わないという風習は、山口県や奈良県にも残っている。

島根県能義郡《のぎぐん》荒島村（現安来市）などでは、かつて五月と七月とに牛馬をつれて荒神の祠に籠もる風があった。それをウシゴモリといった。

牛を使わないというのは、休ませるという意味ではなく、一種の

俵牛の玩具各種

コモリであり、モノイミ（物忌み）を行なうということであったと考えられる。このような風習は、五月が牛を祀る月であったことを示しているのである。

香川県塩飽《しわく》諸島の広島では、五月五日に麦藁で作った牛を浜辺の松の木の下に持っていき、柴餅という中太の餅を牛に食わせる形をして、自分も食べ、牛の人形はそのままにして帰る行事をウシハナシ（牛放し）という。

徳島県麻植《おえ》郡《ぐん》では、五月四日の晩をウシノショウガツ、またはノツゴマツリといって、イタドリに蓬《よもぎ》と萱を括ったものに水を注ぎ、死んだ牛を供養をする。ノツゴは、牛の墓、あるいは牛神のことである。

五月下旬、麦の取り入れの後、男童の行事として「赤牛やーい、黒牛やーい」と唱えながら牛の墓に参る風が京都府南桑田郡（現亀岡市）にある。これをウシマツリという。

中国地方の花田植も、しばしば牛の供養として行なわれている。

五月はサツキである。田植のときであり、田の神が強く意識される月であった。その月に、牛が大きく関わっているのである。

六月・ウシヤスミと河童

六月にも、牛に関係する行事が各地で行なわれる。

和歌山県日高郡などでは、六月の最初の丑の日をウシヤスミという。牛を川へ牽き出して洗う行事である。また、小麦で作った団子を栗の枝つきの葉に包んで、田畑の入り口に立てて神を祀る。その後、この団子を牛に食べさせるのである。

六月末のナゴシ（夏越し）の日に、牛を川や海に入れて遊ばせる行事を行なう地域は、近畿以西、九州にかけて多い。

長崎県壱岐では六月のナゴシの日を、ウシノオヨギビといって、人は泳ぎに出ないことになっていた。特別な日だからで、物忌みが行なわれていたと考えることができる。ところで、村によっては、この日は河童の出ない日だから終日泳いでもよいといっていた。矛盾するようだが、河童ですらも川に出て来られないような特別な日と考えられていたからに違いない。川に入ることを、私たちは遊びの一つと考えがちだが、水で身体を清める禊《みそぎ》に通じる祓いの一種であった。

大阪府南河内郡滝畑（現河内長野市）では、ウシヤスミは夏至の日の行事で、家の者は田へ出ても、牛だけは牛小屋につないでおき、米の飯などを炊いて食わせたということである。

山口県阿武郡《あぶぐん》では、六月一五日に、牛を水辺で洗い、その後、村の小社に詣でることをウシノギオンといった。鳥取県では、同じ六月一五日をウシウマノショウガツといい、小麦の団子を作った。

宮崎県西諸県郡《にしもろかたぐん》では、六月二八日、村の神社の境内に三尺ほどの横木を設け、家々の牛を牽いて来てこれを越えさせた。これをウシゴエといった。横木は結界の一種で、それを越えることによって、牛は神の世界へ足を入れ、神聖な存在になると考えていたと思われる。

山口県周防大島では、六月の晦日の日をウシボン（牛盆）といい、牛を海に連れていって泳がせる。牛のダニが落ちたのを河童が食べにくるから危ないといって、この日、子供を海には出さないことになっていた。この日が物忌みの日であったからである。広島県沼隈郡《ぬまくまぐん》では、七月七日がウシノボンで、牛を川や海で洗う行事を行なっていた。

七夕と牛と田の神

山口県熊毛郡《くまげぐん》上関町《かみのせき》では、七夕の翌日をウシアライといい、牛を海で洗う行事を行なっている。先の周防大島ではウシボンをサバライともいっているが、この上関町でも、ウシアライをサバライとも呼んでいる。「サ」は「神聖な」といった意味であるから、神聖な祓いという意味である。

大阪府和泉地方では、七月七日にウシガミを祀り、瓦器《がき》製の牛型を牛に見せるという祭を行なっている。その信仰の中心は岸和田市の牛滝山山中にある大威徳明王堂である。

大阪府泉南郡西葛城村《にしかつらぎむら》木積《こつみ》字小出原（現貝塚市）では、七月六・七日に行なわれる子供組の行事をウシガミコウと呼んでいる。宿になるのは一五歳の男の子の家で、この男の子をチョウネンという。六日の朝は女《め》竹《だけ》の弓矢を持ってウシガミに参詣した後、川から丸い石とマナゴという石を拾い、階段状に塗り固める。六日の夕方と七日の朝に、子供たちは宿でいっしょに食事をする。また、土俵を作って相撲を取ったりする。古くは藁小屋を作って焼いたということである。

七夕というと、牽牛織女である。一年に一度、この日、牛を牽いた男性と機を織る女性とが天の川をはさんで出会うとされている。この話は中国では六朝《りくちょう》時代から伝えらていたもので、朝鮮半島にも高句麗の古墳の壁画にすでに見えている。牛は農耕用の家畜であるから、牽牛は農耕を象徴し、機仕事は女性の仕事であったから、織女は養蚕紡織を象徴していると考えられている。七夕では、願いを書いた短冊を飾った笹竹を川や海に流す地方が多い。その点から考えても、深く水に関わりのあった日であると考えられる。盆の一五日は満月で、望の行事を行なう重要な日であった。あるいは、七日は、そのための物忌み・禊の日であったかもしれないのである。

サバライ（『年中行事図説』〈昭和28年〉より）

神奈川県津久井郡では、盆の一三日の夕方の食事の際、三膳を調え、二膳は家の仏様に、他の一膳はウシウマサマに供える。ウシウマサマは、他の地方で外精霊、あるいは無縁様と呼ばれているものに当たる。

徳島県北部のボンゴヤ（盆小屋）は、牛の形を模して作るといわれている。そして、牛の安全を祈願するためと理解されている。小屋掛

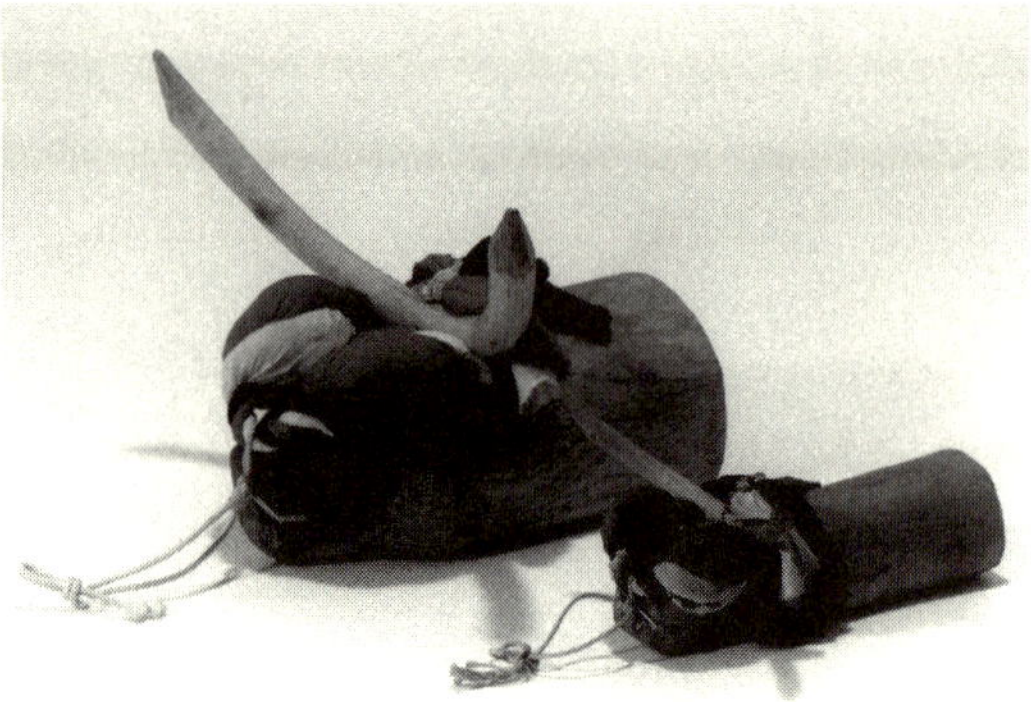

木牛（新潟県小千谷市）

けの場所も、ノゴウサマというウシガミの祠の近くであり、小屋にはノゴウサマを祀るのである。

九州北部一帯では霜月（一一月）の最初の丑の日を田の神の祭日とし、その神をウシノヒサマまたはウシドンと呼んで大切にしている。この日の稲をウシノイネ（丑の稲）といい、田に刈り残しておいた二つかみほどの稲を、主人が刈りに行き、重い重いといいながら担いで帰り、土間の大竈の前に臼を置き、その上に箕に入れた稲を安置し、神酒を供えて、祝詞を述べるのである。長崎県北松浦郡小値賀島《おぢかじま》では一一月の最初の丑の日をウシノヒゼックといい、牛神さんという神社にお供えをし、家では麦飯の豆御飯を炊く。

佐賀県小川島では、牛神という祠が氏神の摂社となっていて、一一月丑の日に祭礼を行なっている。各戸では藁でマゲというものを作り、赤飯や甘酒を供える。佐賀県東松浦郡では、一一月中のいずれかの丑の日に丑の日祭を行なう。臼の中に一升枡を置き、その枡に小豆飯を入れて祀ったり、あるいは箕の上に膳を据え、一尺二寸の楊《やなぎ》の箸を供える。

牛は田の神であった。俵を背負った牛の玩具が各地に見られるのも、それ故である。とすると、七夕行事も田の神と深く関わった行事であったということができる。

「物いう牛」がもたらす福の話

昔話の中にも牛は数多く登場する。

「物いう牛」は、人間の言葉をしゃべる牛が、親切にしてくれた人に財を与えるという話である。

新潟県佐渡島などで語られている話は、菜畑で菜を食べている牛に爺さんが縄をつけて牽くと、「爺、爺、そーろそろーと、ひーきやいの、かーな首が、いーたいの」という。物をいう牛だと驚いて、見世物に出す。引っぱると牛が物をいうので、見物人が銭をくれて、金持ちになる。それを知った隣の爺が牛を借りていくが、牛は何もいわないで、ただ糞をするだけなので、怒った見物人に叩かれて隣の爺は血まみれになって帰った、といった「隣の爺」タイプの話である。

沖縄県を中心とする南西諸島に伝えられている「物いう牛」は次のようなものである。

酷使され、餌も充分に与えられなくて痩せさらばえた牛が、親切に取り扱ってくれた男に、物をいうことによって、財を与える。ここまでは佐渡島などと大同小異である。南西諸島の話には、その男に大事にされて肥えた牛が「自分を殺して肉を皆に食べさせるように」といい、そのとおりにすると、それを食べた人が、皆、風邪などの悪い病気に罹らなかった。それから風邪除けに牛の肉を食べるようになったという部分が続いているのである。また「私を殺して、その肉を皆にやり、骨を入り口に下げて魔除けにせよ」といったので、主人はそのとおりにしたという話も多い。そして、それがカンカーの始まりであるという起源説話になっているのである。カンカーというのは、沖縄で悪疫や魔除けとして牛の角や骨などを家の入り口に下げる呪いである。

「牛の嫁入り」は、美しい娘のいる母が、毎日神社に良縁を祈っていた。それを知った男が、社殿に隠れ、神を装って「自分を婿にせよ」という。神のお告げと信じた母親は、その男に娘をやることにする。嫁入り道中の途中、駕籠屋が一休みして眠っているところに通りかかった殿様が、娘を牛と取り替えて連れ帰る。それと知らぬ駕籠屋が男の家に運んでいくと、牛が飛び出して座敷中を跳ねまわる。娘は殿様の奥方となり幸せに暮らしたという話である。

この話は、単なる笑話とも考えられるが、神を装ったとき、男は人間の世界から逸脱し、次元の異なる存在にふさわしい牛と結婚しなければならなくなったのかもしれない。

伝説にも、牛はさまざまに登場する。

昔、布を引っかけて走り去った牛の後を老婆が追ってゆくと、牛は善光寺に入った。老婆は初めてそこが霊場であることを知り、それ以来、老婆はたびたび参詣して後世《ごせ》を祈った。その後、牛は、井戸に入って石と化した。これが「牛に牽かれて善光寺詣り」という言葉の謂《いわ》れである。

同様の話は、山梨県甲府市の善光寺（甲斐善光寺）にも伝えられている。昔、疲れ果てた旅人を笹子峠か

牛天神

らこの善光寺まで連れてきた牛がいた。その牛は、この寺で死んだ。それを葬ったのが牛塚であるというのである。これには別の話もある。延宝五（一六七七）年五月五日、江戸芝牛町の某家の牛が独りで善光寺に詣り、一七日目に帰ってきて、倒れた。主人は、その牛の骨を善光寺に送って供養してくれるように願ったので、ここに塚を築いたというものである。

奈良県天理市二階堂の中街道の傍にある牛塚の謂れは、昔、ある農家によく働く一対の牛がいたが、牡牛が病気になって死に、牝牛もそれを悲しんで続いて死んだ。その屍を葬り、椋《むく》の木を植えて農神として崇《あが》めたものだといわれている。今も、一七歳になった男女は、この塚の供養をすることになっているという。

滋賀県甲賀郡水口町《みなくちちょう》（現甲賀市）を流れる横田川にある牛淵は、流れが岩に当たって渦を巻いているのでウズガブチともいったところであるが、日照りのときでもここだけは水が涸れることがないといい、雨乞いの祈禱はここで行なうことになっていたという。

雨乞いと殺牛信仰

牛が身を伏せている形に似た大きな石が各地にあり、牛石と呼ばれている。これらの石には、寺の造営のときに大木を運搬してきた牛が化したものとか、義経が東下りのときに乗ってきた牛であるとか、中国から大般若経を背負ってきた牛が化したものであるとかいった伝説がついているものが多いが、それだけではなく、霊力・呪力を持ったものであるという伝承のあるものも多い。

福井県敦賀市沓見の西の宮境内にある牛石は、真柄《まがら》十郎左衛門という狐使いの妻が納めた小石が次第に成長して大石になったものだというが、この石には鶏のついたという穴がいくつもあり、子供が病気のとき、親がこの穴に豆や菓子などを入れて祈ると効験があるといわれている。

佐賀県伊万里市提川《さげのかわ》の牛石は、日照りのときにこの石を酒で洗うと雨を得ることができると伝えられており、寛政年間（一七八九―一八〇〇）に行なわれた雨乞いの際に試みて効果があったと記した碑が建てられている。愛知県岡崎市山綱の山中にある滝のかたわらにある牛岩も雨乞いの岩として知られている。旱天続きのとき、牛岩に鼻綱を通して、滝の両側の大松に結びつけ、滝の水を汲み上げて牛岩の背を洗って祈願すると必ず雨が降ると伝えられている。

長野県小県郡室賀村《ちいさがたぐんむろがむら》(現上田市)には氷沢権現が乗ってきた牛が石になったという牛石がある。武石村《たけしむら》(現上田市）には笹焼明神が乗った牛が石になったと伝えられる牛石がある。

これらの話は、牛が役畜として重要な役割を果たすというだけではなく、神に近い存在であり、霊力を持ち、人に財を与えたり、神の世界に導く力を持っている動物として意識されていたことを物語っている。また、牛は、水と深く関わっていたのである。水は、いうまでもなく、農耕、ことに稲作には欠くことできないものである。

『日本書紀』皇極元（六四二）年七月二五日の項で、六月からの旱天続きについて、群臣たちが次のように語っている。

村々の祝部《はふりべ》の教への随《まま》に、或いは牛馬を殺して、諸《もろもろ》の社の神を祭る。或いは、頻《しきり》に市を移す。或いは河の神を禱《いの》る。既に所効《しるし》無し。

さまざまに祈願をしたが、効果がなかったのである。『日本書紀』は、それを聞いた蘇我入鹿が寺々で大乗経典を転読させたが、小雨が降っただけであった。八月一日になって、天皇が南淵山《みなみぶちやま》の川上に出て、跪いて祈ったところ、雷がなって五日も続く大雨が降ったと続いている。

効果はなかったとあるが、この記述から、少なくとも「雨乞い」に当たっての当時の人びとの一般的祈禱の方法を知ることができる。ここでは、牛や馬を殺して祈っている。牛や馬は、ともに、水と関係の深い動物だったのである。そして、水に関係が深い以上、農耕と深く結びついていたに違いないのである。

雨乞いに際して、供犠として牛を殺す風習は各地に見られた。兵庫県宝塚市川面《かわも》では、武庫川の支流の惣川に、牛の生首に血で「雨請・川面村」と書いた幟《のぼり》を立てて流したという。昭和一四年八月に行なわれているから、近年まで続いていたのである。武庫川上流の三田市でも、雨乞いに牛の首をヒトモシ山上で焼いて祈った。兵庫県飾磨郡夢前《ゆめさき》町でも、夢前川の上流の甌穴《おうけつ》に投げ込んだという。

和歌山県西牟婁郡白浜町庄川では、牛尾谷の滝壺にある棚に牛の首

琉球玩具　うしあーし（牛合わせ）

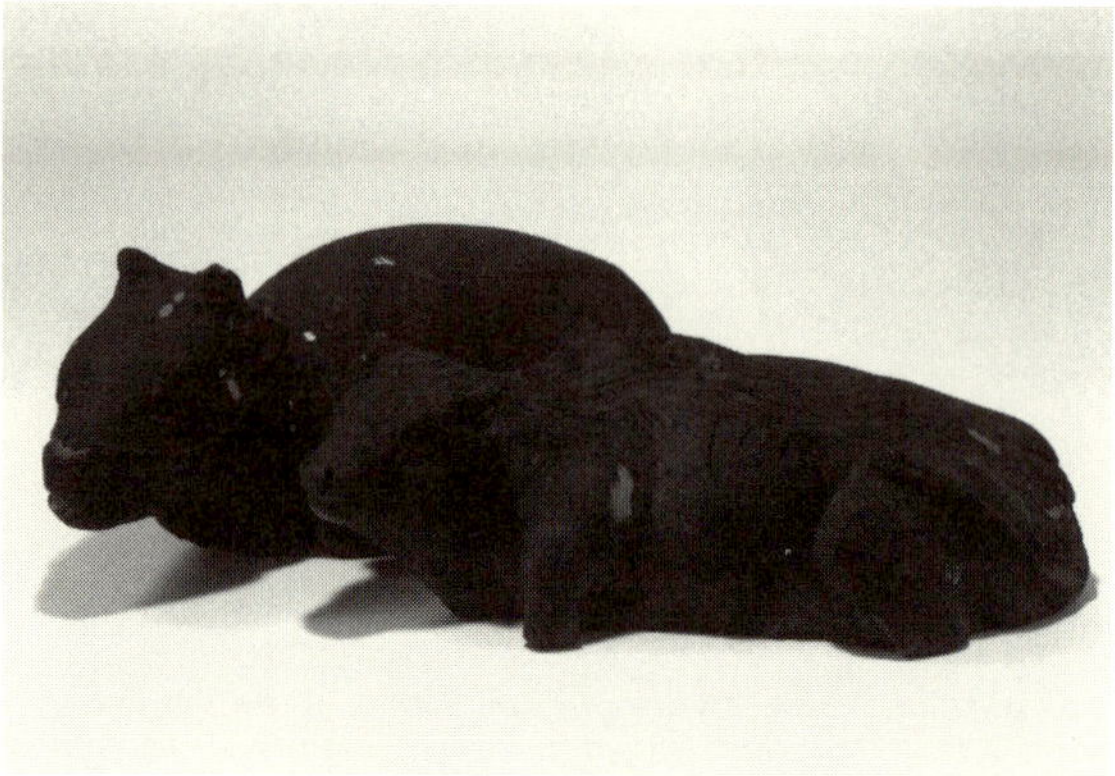
瓦器製の奉納牛（京都府木津幣羅坂）

を置いて、背後を見ないで逃げ帰ったという。これは、さまざまの雨乞いをした上での最後の方法であった。

福島県南会津郡下郷町小沼崎では、小野嶽の中腹の池に牛の首を投げ入れたという。同じ下郷町大内でも、雷神に雨乞いをしても効果がないときは、山の上の沼に牛の首を投げ入れている。

山梨県市川大門町では、牛一頭を四尾連湖《しびれこ》に投じて、湖の周囲を鉦や太鼓を奏して囃し立てた。昭和の初めまで行なっていたということである。静岡県駿東郡清水町では、竜爪山の薬師神社の境内に牛の首を置いて逃げ帰ると、大風雨が続いてその首を流すといっている。静岡県御殿場市では、鮎沢川に牛の作りものを流すという。牛の作りものを川に流したり、沼に沈めたりする方法は、宮城県桃生《ものう》郡桃生町（現石巻市）の雷神社、山梨県西八代郡下部町《しもべちょう》（現身延町）、同県南都留郡山中湖村、同県同郡道志村月夜野、静岡県藤枝市などにもあった。桃生町では、高さが二メートルほどの大きさの牛を藁で作って、社殿の後ろにある沼に沈めたという。山中湖村では、麦藁で作った牛にベンガラを塗って沈めている。湖の主である牛は赤牛だからだということである。

その他、広島県双三郡八幡村（現三次市）、島根県邑智郡市山村（現江津市）、高知県土佐郡土佐山村（現

高知市）、愛媛県東宇和郡宇和町（現西予市）などにも同じような風習のあったことが報告されている。

このような殺牛信仰について、地域によってさまざまに語られている。しかし、山中湖村の例で明らかなように、牛は、湖の主であり、水の神そのものであったのである。そこで行なわれていたのは、神の死と再生の儀式だったのである。水の神を積極的に殺すことが、その神を活性化し、豊かな生命力をもって再生させる方法だったということができる。

動物を殺すことによって神の死と再生を祈願するという儀式の思想を明確に示しているのは、アイヌの人びとのクマやシマフクロウによる儀式であるが、根底に同様の発想を持った儀式が、世界各地に存在することも、日本各地にあったことも知られている。

古代アテネのブーフォニアの祭礼は、牡牛を殺し、参列者がそれを食した後、牡牛の皮に藁を詰めて、再生の様子を示すものであったということである。

『古語拾遺《こごしゅうい》』に次のような話がある。

大地主神が、田植の日に人びとに牛の肉を食べさせた。御歳神は怒って、田に蝗《いなご》を発生させた。苗はたちまちに枯れてしまった。その祟りを解除しようとした人びとに御歳神が要求したのは「牛の肉を田の溝に置き、男根を象《かたど》った作りものをそれに添えよ」であった。そのようにして祀ると、苗は再生し、繁茂し、その年の稔りは豊かになった。

溝の口に牛の肉を置いたのは、水の神を意識してのことであったに違いない。それに添えられた男根が生産象徴であることはいうまでもない。

田植に際しての祭礼で、豊穣を祈願するのは当然である。そして、人びとは、豊かな水と豊かな稔りとを祈願する儀式の一部として、牛の肉を食したのではないかと思われる。それこそが神の再生を確かなものとすると同時に、その神と一体化していく方法であった。それを御歳神が怒ったのは、その儀式が不十分なものであったからではないだろうか。

田の神も歳神も、穀神であり、来訪神である。田の神は、山から春に田に下りてくるのであるし、歳神は、春に恵方《えほう》から家々を訪れるのである。一方、地主神は土地の神である。歳神は、来訪神である自分を明確に意識した形での祭礼が行なわれていなかったのを怒ったのである。溝の口に牛の肉をもって祀れというのは、遠くから田へ来訪する水を強く意識してのことに違いない。

旱天に困って降雨を願うのは誰しものことと考えられるが、都市的社会では、テルテルボウズのように、晴天を意識することの方が多いようである。しかし、農民にとっては、農作物の出来に直接関係するだけに、雨が重要であった。そして、不作は飢饉に直接結びついていたのである。その意味では、都市民には考えられないほど、水は農民にとっては大切であった。

牛の絵馬と玩具

御霊信仰と祇園祭

人間に祟りをなす恐ろしい霊があった。物の怪もその一つである。その霊を鎮めて、祟りから逃れようとする祈りを御霊信仰《ごりょう》といった。その後、疫病の流行などに際して、政争などで憤死した人物などの具体的な霊が恨みを表わしているのだと考えられるようになった。そして、そのような霊を特に御霊と呼ぶようになったのである。

代表的な御霊として、古くは崇道《すどう》天皇・伊予親王・藤原吉子《ふじわらのよしこ》・橘逸勢《たちばなのはやなり》・文室宮田麻呂《ふんやのみやたまろ》などが考えられていたらしく、『三代実録』巻七をみると、近年疫病が頻発して、死者が多く出たが、それはこれらの御霊のなすところであると述べている。

その他に、崇徳天皇とか他戸親王《おさべしんのう》などが知られていたが、後に御霊として有名になったのは菅原道真や平将門、そして曽我兄弟の五郎である。五郎は、その呼称が御霊に通じるからのものであって、近世になって、歌舞伎の世界で大活躍する。

このような御霊を鎮めるために始められたのが御霊会《ごりょうえ》である。『三代実録』巻七の貞観五（八六三）年五月二〇日の項に、神泉苑で御霊会を行なったことが記されている。このとき、『金光明経』や『般若心経』が唱えられ、雅楽が演ぜられ、また、雑伎散楽《ざつぎさんがく》も競って演じられたということである。いわゆる祇園祭は祇園御霊会を起源とするが、その祇園御霊会は、神泉苑での貞観の御霊会が発展したものであった。

祇園祭は、現在は七月に行なわれているが、もともとは六月の祭礼であった。六月は祓いの月であり、農村では虫送りの行事が行なわれる所が多い。災いを追い払う季節だったのである。疫病退散を祈願する行事が、六月の祇園祭へと展開していったのも当然だったということができる。

京都祇園の八坂神社は牛頭天王《ごずてんのう》を祀っている。牛頭天王は祇園精舎の守護神として知られているが、八坂ではスサノヲノ命と一体のカミ（神）と考えられている。

『祇園牛頭天王縁起』には、

須弥山の反腹に国あり。豊饒国といふ。其の国の王を名つけて武答《むとう》天皇と申す。一人太子御座《おまし》。七歳にして其の丈七尺五寸あり。頂に三尺牛頭あり。又三尺の赤き角あり。父大王、希代の太子を生むものかなとおもひ給ひて、大王の位を去りて、太子に譲り給ふ。その御名を牛頭大王と号したてまつる。

とある。王位を譲ったという話から、牛に対する深い信仰を知ることができると同時に、それが豊かな稔りを象徴する豊饒国のこととしてある点が興味深い。

縁起は、大王が后を求めて旅に出る話へと展開する。日も暮れようとするとき、大王は古単長者（巨旦将来）に宿を頼むが断わられる。そこで蘇民将来の家に行く。そこでは、貧しいながらも精いっぱいの歓待を受ける。大王は、喜んで牛玉を蘇民将来に与え、諸願ことごとくかなうであろうという。後に、蘇民将来の子孫は大王に守られたが、古単長者の一族はすべて蹴殺されてしまったということである。そして、縁起は、牛頭天王を信じないと天王の罰を受けて疫病に罹ると結んでいる。

牛頭天王は、疫病をもたらす神であると同時に、人びとを守る力をも持っていたのである。ここに、庶民の描いていた御霊の姿を見ることができる。

京都東山の八坂のあたりは、渡来人の八坂造《やさかのみやつこ》が住んでいたということである。太秦《うずまさ》の広隆寺の周辺は、同じ渡来人の秦《はた》氏が居住していた。そして、広隆寺には牛祭が、秦氏の祭礼として伝えられている。牛を介する信仰は、あるいは、渡来系先進文化を示すものであったのかもしれない。

ところで、貞観の御霊会は、神泉苑という水の聖地で行なわれている。水は農耕に欠かすことのできないものである。また、牛頭天王は豊饒国の王であった。当然、農耕神と考えることができる。御霊と水とは深く結びついて、農耕神として確立していったのである。

御霊の代表として有名な菅原道真は、太宰府に流されて憤死し、カミナリとなって都を襲ったと伝えられている。その霊を鎮めるために建立されたのが北野天満宮であるということであるが、北野の地は古くから天神を祀る聖地であったと指摘されている。そして、『西宮記』巻七の裏書によると、延喜四（九〇四）年一二月一九日、雷神を北野に祀って五穀豊饒を祈願しているのである。北野の地は、道真を祀る以前から、雷神という農耕と関係の深い信仰と結びついていたのである。

ところで、カミナリは「神鳴り」であり、神の声である。もちろん、雨を呼ぶ声である。イナビカリは「稲光り」に他ならない。雷神、すなわち天神が農耕神と考えられていたことはいうまでもない。

カミナリとなって都を襲った菅原道真が、恨み故に災いをなす御霊と考えられたのは当然といえるが、そもそも御霊は農耕神的性格を備えていたのであり、また、雷神自体が農耕神でもあったのである。その恐しい霊力を鎮められた道真が、災厄消除の神となっていったのも当然ということができる。

北野天満宮では、社殿のかたわらに祀られたオウシサマに参詣する人が多い。牛は天神社には欠かせない

オウシサマ（京都府北野天満宮）

もので、全国の天神社のどこへ行っても牛の像をみることができる。牛は、『祇園牛頭天王縁起』で示されたように、まさに神の象徴であった。

『続日本紀』延暦一〇（七九一）年九月甲戌の項に、

伊勢尾張近江美濃若狭越前紀伊等の国の百姓《はくせい》の牛を殺して漢神《からのかみ》を祭る事を断つ

とある。牛を殺して漢神を祭ることを禁じているのである。漢神とあるから、渡来系の信仰と考えられるが、とにかく、このような祭礼が存在したのである。これは、単なる供物ではなく、まさに、神の死と再生の儀式であったということができる。

寅・虎

十二支の第三位は「寅」である。寅は音ではインで、この字の象形は、矢を両手で引き張る形からきたもので、引き張る、のばす意を表すのだという。動物では「虎」が当てられている。虎は『倭名類聚抄《わみょうるいじゅしょう》』に「虎・和名止良」とあるから、古くから「とら」と呼ばれていたことは確かである。

虎は、食肉目ネコ科の哺乳類で、アジアでは最大の猛獣である。腹部は白いが、体の上面から側面、そして尾にかけては黄褐色で、そこに黒い横縞模様が入っているのが特徴である。古くから、その毛皮は敷物などとして珍重されてきた。

シベリア南部、中国東北部からインドにかけての大陸部、およびスマトラ、ジャワ、バリ島といった島嶼部に分布している。朝鮮半島にも棲息している。大きな雄虎には体長三メートル、体重三〇〇キロにも達するものがいるという。主として森林や叢林に棲み、鹿、猪などを食料としている。力の衰えた老虎になると、動きの鈍い人を襲うことも多く、人喰い虎と呼ばれて恐れられてもいる。

幼子の邪気を祓う

日本には棲息していないが、日本人も早くからその存在は知っていた。虎についての日本人の知識は、朝鮮半島や中国を通じて得られたものである。

欽明天皇の六（五四五）年一一月の項に、百済に使いした膳臣巴提便《かしわでのおみはすび》が、自分の子供を殺した虎を追跡して退治し、その皮を剥ぎ取り持ち帰ったと『日本書紀』にあるのが「虎」という言葉の初見だとされている。このとき、巴提便は、口を開けて襲ってきた虎に対して「左の手を申《の》べて、其の虎の舌を執《と》へて、右の手をもて刺し殺し」たということである。同じような話が『宇治拾遺物語』巻一二に見られる。そこでは、壱岐守の家来が新羅国へ渡って人喰い虎を射殺している。

天武天皇の朱鳥元（六八六）年四月の項には、新羅の使者によって馬や犬、金銀、金の器、織物などとともに「虎豹皮、及薬物之類」など百余種がもたらされたと『日本書紀』に記されている。また、『延喜式』巻四一の弾正台の項には「凡五位

さまざまな虎の玩具

以上聴用虎皮。但豹皮者、参議以上、及非参議三位聴之、自余不在聴限」ともあり、豹の皮とともに、虎の皮が伝来していたと同時に、それが地位を象徴するものともなっていたことを示している。

『万葉集』巻一六の「乞食者詠《ほかいひとのうた》二首」という長歌（三八八五）に「韓国の　虎といふ神を　生け捕りに　八つ捕り持ち来　その皮を　畳に刺し」とある。これによって、虎の皮を敷物にしていたことがわかる。同じ『万葉集』巻一六に、境部王《さかいべのおおきみ》の「虎に乗り　古屋を越えて　青淵に蛟竜《みづち》捕り来む　剣大刀もが」（三八三三）があり、また、巻二には柿本人麻呂の長歌があり、そこに「虎か吼ゆると　諸人の　おびゆるまでに」（一九九）とある。

虎の皮を通じて、わが国に虎という動物に関する知識がもたらされたとき、それは、屋根を越えて走り、その吼える声は恐ろしいものであったと理解されていたということができるであろう。

『今昔物語』巻二九の三一話「鎮西人渡新羅値《あう》虎語」に、海に落ちて鰐鮫に左の前足を食われた虎が、その鰐鮫を殺す話が出ている。同じ話は『宇治拾遺物語』巻三にも載せられている（虎の鰐取りたる事）。

このように、力強くて恐ろしい動物として把握されていたからこそ、『日本書紀』に見られた先の巴提便の武勇譚や壱岐守の家来が新羅国へ渡って人喰い虎を射殺した『宇治拾遺物語』の話（「宗行の郎等虎を射る事」）が成立し得たともいえるであろうし、その皮を敷物にすることによって権威を象徴することもできたのである。

ところで、虎の皮とともに渡来した豹であるが、『倭名類聚抄』には「奈賀豆可美」とあるから、「なかつかみ」と呼ばれていたのである。すなわち「中の神」である。豹は、陰陽道でいう八将神の一つの豹尾神によって神格化されていたのである。

ところで、中国の伝説に登場する女神（仙女）の西王母は、『山海経《せんがいきょう》』によると、豹の尾と虎の歯を持つ恐ろしい存在だったということである。豹と虎は、中国では、一体化しつつ神として把握されていたのである。

虎は、恐ろしい動物という側面と同時に、神に関わるものとしての性格をも持っていたのである。

『源氏物語』須磨の巻に、須磨への退去を決意した光源氏が左大臣邸を訪れ別れを惜しむところに「入方の月いと明かきに、いとどなまめかしうきよらにて、ものをおぼいたるさま、虎狼だに泣きぬべし」とあるのも、恐ろしい動物としての把握を前提としていると同時に、古くから神として認められていた狼と並記されているように、神としての虎すらも泣くであろうといった意味での表現となっているように思われる。

『日本書紀』巻二四の皇極天皇四（六四五）年四月の項に、高麗の学問僧の言葉として

虎を以て友として、其の術を学び取れり。或いは枯山をして変へて青山にす。或いは黄なる地をして変へて白き水にす

とあり、また

虎、其の針を授けて曰く、ゆめゆめ、人をして知らしむること勿れ。此を以て治めば、病癒えずといふこと無し

と記している。虎の超能力を示す記述であるが、これも虎の聖性を背景にしているといえるであろう。『紫式部日記』に、中宮彰子が皇子を出産して御湯殿の儀を執行するところに、

宮は、殿いだきたてまつりたまひて、御佩刀小少将の君、虎の頭宮の内侍とりて、御さきにまゐる

とある。この虎の頭は作り物と考えられているが、とにかく、虎は小児の病魔を避ける役割を持って用意されたのである。

虎は、日本でも、退治されて然るべき獰猛な動物という一面とともに、神聖な側面をも持っていたということができるであろう。

「張り子の虎」の真意は

郷土玩具にも虎は多く見られる。

頭部と胴とを別に作り、頭部を糸で胴につけ、わずかの振動でも頭が動くようにした張り子の虎は、その工夫からも人目を引き、全国各地に見られるものとなっている。

大阪の薬種問屋街の道修町《どしょうまち》では、少彦名神社の祭礼で、疫病除けの張り子の神農の虎を授与している。その他、土人形や張り子の仮面などの虎もある。

「張り子の虎」というと、現在では、虚勢を張るばかりで内実のない人を嘲った言葉だが、そのような意味だけで全国的に作られているとは考えられない。

中国では、虎は、山獣の君といわれ畏れられていた。

『本草綱目《ほんぞうこうもく》』に、
虎は山獣の君なり、状猫のごとくにて、大きさ牛のごとく、黄の質《したじ》、黒き章《すじ》、鋸歯、鉤の爪、鬚《ひげ》健にして尖り、舌大きさ掌のごとくさかさまに刺《とげ》を生ず、頂《うなじ》短く鼻ふさがる、夜視るに一目は光を放ち、一目は物を看る、声吼ゆること雷のごとく、風従って生じ百獣震え恐る。

と記されている。『本草綱目』は明代の著作であるが、ここに引いた部分は唐代の『格物論《かくぶつろん》』からの引用であるというから、中国では早くからこのようなものとして把握されていたということができる。

虎は神秘なもの、畏ろしいものと考えられていたのである。

中国では、また「枢星散じて虎となる」といっている。前身は天空の大切な星であったというのである。朝鮮半島では、虎は山神の使いと考えられていた。そして、山神堂には、必ず虎の絵が掲げられていたということである。

『易経』に、

雲は龍に従い、風は虎に従う。

とある。日本で描かれた虎の絵には竹林に配されたものが多いが、これは虎が竹林に棲むからではなく、風を視覚化したものが竹林であるからに他ならない。風を支配できる特別な力を持ったものとして虎を考えていたのである。

城内の襖絵などにも、虎は多く描かれている。人が動くのにつれて目が動く、人がどこに立っていても虎は正面から見ている、などといって神秘視する例が多い。これらの虎も、以上述べたような虎の姿を背景にして描かれたと考えられる。

中国では、端午の節句に、家の門に、鍾馗の絵や蠍《さそり》・百足《むかで》・蛇などを食べている虎の絵を貼りつけて邪気の進入を防ぐ呪物にしたということである。同じような虎の絵を、朝鮮半島では正月に貼っていた。
また、中国では、虎の頭といって、虎の頭に似せて作ったものを煮る真似をした湯で産湯をつかわせると、その子の邪気を払い、生涯無病息災で過ごせるという俗信があった。先に述べた『紫式部日記』の記述などもその影響下にあると考えられるが、少なくともわが国においても、それは信じられていたのである。日本では、妊婦に虎豹勇躍の絵を見せるなどのこともあった。

さまざまな形の張り子の虎

　民俗芸能にも虎が登場する。虎の縫いぐるみを着て踊るもので、虎舞といわれている。何人もの勢子が虎にからんで、勇壮な立ちまわりを行なったりするものである。北海道登別温泉、岩手県釜石市、宮城県気仙沼市や加美郡中新田町《なかにいだまち》（現加美町）、神奈川県横須賀市浦賀、山梨県北巨摩郡白州町《はくしゅうまち》（現北杜市）、熊本県阿蘇郡阿蘇町（現阿蘇市）などに伝えられている。

　熊本県人吉地方では虎踊といっている。宮城県のものは、火伏せの虎舞といって、屋根の上を走りまわったりしている。獅子舞の系統のものが多いが、神奈川県浦賀の虎舞は、歌舞伎の『国性爺《こくせんや》合戦《かっせん》』の主人公である和唐内の虎退治と唐子踊りで、長崎の蛇踊りの系統のものである。

虎退治というと、よく知られているのは加藤清正の虎退治である。小姓と馬を攫《さら》われた清正が、自慢の片鎌の槍で虎を突いたということになっているが、鉄砲で撃ち殺したのが真実だともいわれている。いずれにしろ、人を食う恐ろしい虎を退治したということで、清正の勇武が讃えられ、五月人形や幟絵などに描かれたのである。

清正の虎退治は、人間が古代的呪術の世界を克服しようとする、いかにも下克上の時代にふさわしい、中世的合理主義を背景にして受け止められたと考えられる。しかし、一方で、虎をも退治するという異常な力が、清正の神格化へとつながっていったのである。

ところで、この加藤清正は幼名を虎之助といった。

虎之助、虎太郎などという名前が歴史上の人物の幼名に多いのも、そして柴又の寅次郎も、清正が示したような力を願っての命名と考えられる。

しかし、その実在については不分明だが、女性にも、虎御前がいるのである。大磯の遊女であるが、曾我兄弟の兄十郎祐成《すけなり》の愛人となり、貞節を尽くしたということで知られている。

曾我十郎祐成と虎御前

女性の名前としても不都合ではないということは、名前につけられた「虎」が、単なる勇猛さを祈願してのものではないことを示しているといえるだろう。
雷様が虎の皮の褌をしていることは誰でも知っている。これも、雷神の恐ろしい力を表現するための小道具ではなく、雨を司る雷神の異常な力の象徴として用いられているに違いない。虎は、雨と深く関わっている龍と並んで、風を呼ぶ力を持つものとしての伝統を背負っていたからである。

建久四（一一九三）年五月二八日、源頼朝が富士の裾野で巻狩りを行なったとき、曾我十郎祐成と五郎時致《ときむね》の兄弟は、親の敵である工藤祐経《すけつね》を討った。そのとき、兄の十郎は討死した。その夜は強い雨が降っていたと『吾妻鏡』には記されている。弟の五郎は捕らえられ、祐経の子の犬房の郎党に斬られたのであった。そのとき、わざわざ切れない刀で首をかき斬られたと伝えられている。

その後、見事に父の敵を討った兄弟の物語は、さまざまに語り継がれることとなった。

江戸時代には、歌舞伎の世界で、弟の五郎が活躍する。江戸の伊達男として有名な花川戸の助六も、実は五郎時致であるという設定で、また、それが江戸時代の庶民には不思議には思われない世界であった。このように五郎に焦点が当てられるようになった理由は、若くして憤死した五郎の霊に対する畏怖の思いが働いての結果であると同時に、ゴロウがゴリョウ（御霊）に通じているといった考えからであった。

中世に展開した曾我兄弟の物語は、宿場などの芸能者であった瞽女《ごぜ》が語ったし、能や幸若舞などにも数多く取り入れられている。能や幸若舞といった舞台の上では、仇討ちまでの兄弟について語られることが多かったが、読物としての流布本や真名本の『曾我物語』には、曾我兄弟の仇討ちの後日譚として、虎御前のことが述べられている。

虎御前は、平治の乱に関係して都にいられなくなった宮内判官家長と平塚の宿の夜叉王という傾城《けいせい》との間に生まれた女子である。寅の年、寅の日、寅の刻に生まれたので三虎御前と呼ばれたという。この虎御前は、十郎祐成の愛妾であった。十郎の死後、彼女は出家し、その菩提を弔うために諸国を遍歴し、信濃の善光寺にも参詣したといわれている。

ところで、浄瑠璃「摂州合邦辻《せっしゅうがっぽうがつじ》」の主人公の玉手御前は、寅の月、寅の日、寅の刻の生まれであった。彼女は、継子の俊徳丸を救うために命を捨てる。そのとき、彼女は、

毒にて発せし病には、寅の月寅の日寅の刻に誕生したる女の肝の臓の生血を取り、毒酒を盛ったる器にて病人に与えるときは、即座に本復疑いなしと、聞いたときのその嬉しさ。

と語っている。寅が三つ揃った人は異常な力を持つという信仰があったに違いない。

『元亨釈書《げんこうしゃくしょ》』に都藍尼《とらんに》の話が載っている。大和の吉野山にいた仙女で、彼女が捨てた杖が大樹となったり、龍に乗って飛行したり、巌を微塵に蹴やぶったり、雲に乗って行方知れず飛び去ったりしている。この都藍尼も虎と関係があるように思われる。いうまでもなく、龍や雲は水と深く関わっている。また、杖が大樹となるという話も、杖の聖性を自らのものとし、生成に関与する力を持っていることを示しているということができる。

旧暦の五月二八日に降る雨を、虎が雨とか虎の涙雨などという。この日には雨の降ることが多いといわれている。二八日は、十郎祐成が殺された日である。それで、十郎の愛妾の虎御前が、十郎の死を悲しんで泣く涙が、雨となって降るのだというのである。

とらが涙のしるしが見へて空が曇つた、五月二八日雨三粒でも降らねばおかぬ。

と近松の浄瑠璃『心中刃は氷の朔日』にもあるように、この日には三粒でも雨が降るものと考えられていたのである。虎が雨は俳句の季語にもなって一般に知られていたのであるが、これも、虎が特別な力を持っているということを前提として成立していたといえるであろう。虎は、雨、水と深く結びついていたのである。

二八日は、不動の縁日であった。不動明王は、滝の近くに祀られていることが多い。そのことからも考えられるように、不動明王は水と関係があったに違いない。十郎の命日が二八日というところから、雨や水と曾我兄弟とが結びついたとも考えられるが、一方で、虎の持っていた力を無視することはできないであろう。

岐阜県姫の土人形

二八日にソガドンノカサヤキという行事が九州の薩摩地方で行なわれている。曾我兄弟が工藤の陣屋に忍びこんだとき、傘を松明にしたという故事に因んでのもので、加世田市では川の中州で番傘を焼いている。傘も川も水に関係があることはいうまでもない。

虎御前に因んだ伝説の類も数多く伝えられている。

静岡県の足柄峠の往還の近くに虎子石と呼ばれる石がある。曾我兄弟の討ち入りの首尾を案じた大磯の虎御前が、この石にもたれて夜もすがら富士野の方を眺めていたと伝えられている。

大分県北海部郡佐賀関町（現大分市）志生木《しゅうき》に虎御前岩という岩がある。曾我兄弟の冥福を祈るために尼となって諸国を巡った虎御前が、ここにきて腰を下ろした岩だと伝えられている。また、志生木浜にある虎御前石という白石には虎御前の足跡が残っているという。

福島県福島市の旧岡山村に虎清水というのがある。十郎祐成の死後、この地に巡ってきた虎御前が、文字摺石の面を麦の青葉で摺ったが、恋しい人の姿は少しも現われてこなかった。そこで、山を下り、水の流れているところを探して箸で掘ったところ、十郎の姿が水面に現われたというのである。

このように、曾我兄弟の仇討譚は全国的な広がりを持って伝えられているのである。それは、諸国を遍歴して十郎の供養をしたと伝えられている虎御前が、この物語を伝える芸能的側面を持った女性呪術者、ある き巫女と習合していったからではないかと考えられる。

虎については、獰猛な動物とか、勇猛さの象徴とか考えるのでは不十分であって、むしろ、農耕的世界と深く結びついた、風や水に関わる庶民信仰の視点から考えて見なければならないのである。

卯・兎

十二支の第四位は「卯」である。音ではボウ、訓ではウと読む。漢字の字形は、門の扉を左右に開いた形を象ったものだという。

動物では兎が当てられている。卯の字が兎の耳に似ているからであると説明されているのだが、正確なことはわからない。

兎は、私たち日本人にとって馴染み深い小動物であった。『倭名類聚抄』に「兎　宇佐木」とあり、また、『万葉集』や『出雲国風土記』等にも見られるから、古くから日本に棲息しており、ウサキと呼ばれていたことがわかる。なお、ウサギは、一般に「兎」が用いられているが、これは略字であって、本字は「兔」である。

「かちかち山」の昔話や「因幡の白兎」の神話、また月の中で餅をつく兎の話などは幼児の頃から何度となく聞かされ、実物を見たことがなくても絵本などを媒介にして作り上げられたイメージを皆が持っている。柔らかい白毛におおわれ、長い耳をたてて、長い後ろ足で軽やかに跳ねてゆく兎、なぜか私たちのイメージの中にある兎は、赤い眼をした白い兎である。

白兎のイメージはどこから

兎は、広義には哺乳綱ウサギ目に属する動物の総称であるが、狭義にはウサギ科、一般には、さらにその中のノウサギ亜科に属するものをさすことが多い。

日本では野生の野ウサギもカイウサギも同じ兎で特に区別はされない。しかし、欧米では厳密に区別されている。英語では、野ウサギはhareであり、カイウサギはrabitであり、混同することはない。カイウサギは、ノウサギ亜科ではあるが、いわゆる野ウサギとは別の種である穴ウサギを飼育、繁殖させて家畜化したものである。

野ウサギは、単独生活をし、地上に巣を作って子を産むが、穴ウサギは、地中に穴を掘って巣を作り、群れ生活をするのが特徴である。穴ウサギの巣穴は「ウサギの街」と呼ばれるほど大規模で複雑なものもあるということである。また、野ウサギの子は生まれたばかりでも目が見え、毛も生え揃っているが、穴ウサギは目は開いておらず、赤裸である点も異なっている。

日本の山野には、北海道のユキウサギ、本州・四国・九州のノウサギ、奄美大島と徳之島だけに棲み、特別天然記念物に指定されているアマミノクロウサギ、北海道中部山地のエゾナキウサギの四種が棲んでいる。一般に兎として知られているのはノウサギ亜科に属するユキウサギとノウサギである。

野ウサギは人とは容易に馴染まないが、穴ウサギは人為的な環境下でも子を生み育て、繁殖するという性質を持っている。これに気づいたローマ人たちは、ヨーロッパアナウサギを捕らえて飼育していたという。

兎の家畜化はこのようにして始まったものらしい。

ヨーロッパ中世になると、家畜化された穴ウサギ、すなわちカイウサギが、帆船によって世界各地に運ばれ、航路上の島々に放された。航海中の食料を確保するためであったということであるが、気候や植生がカイウサギの繁殖に適していて、また、天敵のいない土地の場合は、急速にその数が増え、異常とも思える繁殖をした。

『鳥獣戯画』に描かれた兎。果物を運んでいる

日本にカイウサギが導入されたのは一六世紀中頃の天文年間であるというから、そんなに新しいことではない。それほど普及はしなかったようで、一般に知られるようになったのは明治になってからのことである。江戸時代には、カイウサギをナンキン（南京）とかナンキンウサギといった。『重訂本草綱目啓蒙』獣の部に「兎　今家に畜う白兎は、なんきんうさぎ」というと記されている。また、『本草綱目訳義』には「是、山中ニヲホシ、穴ヲホリ内ニイル、外ニ出テハシルコトハヤシ。京ニイルハ茶色、間ニハ黒キアリ。人家ニ養ハ白兎多アリ、又白黒交ルアリ。蓄兎ハ人ニ馴ル、白キハ南京ウサギト云」とある。野ウサギとカイウサギの混同が見られるが、現在でも兎はみんな巣穴を掘って生活していると思っている人は少なくない。

『紀伊続風土記』物産の項には、

人家に養ふもの數色あり、又各郡諸山に産するは、皆茶褐色のものなり。

と記されている。一般化していなかったにしても、各地で飼育され、利用されていたことがわかる。この場合、食用としての利用が主であったようである。

日本では、カイウサギも野ウサギも兎で、区別はしていないが、熟兎と書いてナンキンと読ませているものもある。明治以降でいうと、明治二年に中国から輸入されたのが最初で、それ以後明治四年にはアンゴラ種、六年にニュージランドホワイト種などが導入されている。当初は愛玩用としての飼育であったようで、石井研堂の『明治事物起原』によると、明治五年頃には、ウサギ一頭と名馬と交換されるとか、投機の対象になったなどと記されている。毛皮や肉用としての兎の飼育が増えるのは日清日露の戦争からで、政府が軍需兎毛皮増殖計画などをたてて奨励したことが大きく作用してのことであった。外国から改良種を導入し、また国内でも品種改良につとめ、第二次大戦中から戦後にかけて最も多く飼育されていた日本白色種を創り出してもいる。これは肉毛兼用種で、大型のものをメリケン、小型のものをナンキンと呼んでいた。昭和二〇年代にはかなり飼育されていた兎も、現在ではほとんど見かけられなくなった。同時に、日本の山野のいたるところで見ることのできた野ウサギの姿を見ることも少なくなった。

『鳥獣戯画』に描かれた兎。長柄の傘を担いでいる

古よりの重要な蛋白源

異郷にある人が故郷を偲ぶとき、幼い日から馴れ親しんだ山や川が目に浮かぶ。その懐かしい山野には兎が跳ね、小川では小鮒やメダカが泳いでいた。

兎追いしかの山、
小鮒釣りしかの川

と小学唱歌に歌われる感懐は一人だけのものではなかった。

杉や檜の植林、山地開発の進行などと平行して、山に棲む獣の数は減少していった。兎もその例外ではなかった。村の裏山で獲物を追う犬の吠え声が聞こえ、一時間もすると、兎をくわえた犬が意気揚々と帰ってくるといった光景は珍しいことではなかった。それほど日本の山野に野ウサギは多かったのである。したがって、山の畑作物が被害を受けることも少なくなかったし、また、食物のなくなる冬には、植林した杉や檜の若芽や皮が齧られることも多かった。

杉檜の造林による林業で生活を支えている地域では、毎年、相当な被害を受けていた。兎の害を避けるために、山村では畑の周囲に杉葉などを垣根のように立て巡らしたり、谷川の水を引いてソウズ（添

『鳥獣戯画』に描かれた兎。経を読み数珠を繰っている

水）をかけ、その音で兎を追い払おうとしたりしていた。ソウズは、シーソーの原理を応用したもので、一方の端に付けられた桶に水が溜まると、その重みで桶が下がって水が流れ出す。すると、跳ね返って他の端が石に当たり音が出るという仕掛けである。これは兎だけを対象としたものではなく、作物を荒らす鳥や獣を追うもので、バッタリ、ウサギツヅミ、シシオドシ、ガッタリなどとも呼ばれ、各地の山村で見られたものである。

　現在でもその規模の小さいものが茶室の庭などに設けられているが、これは、その音の風情を楽しむためである。また、片方に臼を据えて米、粟などの穀物を舂《つ》く装置として利用することも各地で見られた。

　日本の山野に多く棲み、人の目に触れることの多い兎は、作物や造林地を荒らすものとして駆除されるだけではなく、重要な動物蛋白源として狩りの対象ともなっていた。兎の肉は、味が淡白で鶏肉に似ているということで好まれていたのである。

　日本では、仏教の殺生禁断、肉食禁止といった考えの影響を強く受けて、牛や馬の肉を食べることが長くタブーとなっていたが、

各地で見られる張り子の兎

兎は鳥、鶏と同類だと考えられていた。今でも兎を数えるのに、一羽、二羽というのは、その名残であるという。兎を食べることにそれほどの違和感がなかったのは、兎が身近にたくさんいて、捕獲も容易であったからには違いないが、それだけではなく、兎が、仏教以前の古い昔から食材として位置づいていたからであろうと考えられる。

将軍家の吉例として、元日の祝い膳に兎の吸い物を出し、その後、祝賀に登城した御三家や大名にも振舞った。『柳營秘鑑《りゅうえいひかん》』の「享保年中行事之略」の項に、

元日、御表ノ御規式ノ以前、御黒書院ニ出御、御三家方御相伴ス、兎ノ御吸物ヲ御祝ヒナサレ、其以後、中之間ニオイテ老中之ヲ頂戴ス、此節大目附相伴ス。

とある。また『遠碧軒随筆《えんぺきけん》』（延宝八〈一六八〇〉年）にも「当家には元日に兎の御吸物。是は古へ三河の山中に御先祖御座の時、肴は大切、兎をなまぐさき物の心に御用の例とみゆ」と記されている。

兎狩りも、現在では、犬を使って追い出した兎を猟師が鉄砲で仕留めるという方法が一般的だが、鉄砲以前からあったと考えられる罠猟、網猟、ワラダ猟、鷹狩りなどの伝統的な狩猟法も各地に伝えられている。罠には各種のものがあるが、兎が首を入れると輪が締るようになった括り罠が多く用いられている。兎は、その行動範囲が決まっていて、その通り道はほぼ一定している。それで、細い踏み立て道ができるのである。いわゆるけもの道の一つである。

九州や四国の山村では、けもの道のことをウジというが、南方熊楠は『十二支考』に収録されている「兎に関する民俗と伝説」の中で、うじ（菟道）という地名は、兎が群れて通ったことからついたのではないか

と推測している。

兎道の存在は古くから知られていた。猟師はその通り道に罠をかけ、待ち受けて弓や鉄砲で射止めたのである。獣の通り道に待ち受けることをウジ待チといった。兎の多い地方では網猟も一般的だった。集団で行なう冬の猟で、山の裾や谷の口などに細長く網を張り、上から大勢が声をあげ、持った棒切れで木や藪を叩きながら兎を追い下ろしていくのである。追われた兎は網に掛かり捕らえられた。

ワラダ猟は、東北、北陸などの積雪地帯の雪中で行なわれる独特の猟である。ワラダというのは、稲藁などを円環状にしたもので、それを空中に投げて、雪穴から出ている兎を威し、驚いた兎が穴に逃げ込んだのを捕らえるのである。

鷹も兎の捕獲に使われた。今も奥羽山地などにわずかに残っている民間の鷹狩りは兎をおもな獲物としている。ワラダ猟や鷹狩りは、臆病で用心深い兎の習性を知った人間が編みだし伝えてきた兎猟である。

因幡の白兎（鳥取県・土人形）

兎は逃げ足は速いが弱い動物である。鷹や隼だけではなく、犬や狐などから襲われることも多い。犬から追跡された兎は、横っ跳びにとんで藪のかげなどに身を隠し、犬をやり過ごして、また元の場所に跳び戻って逆方向に逃げていくのだという。兎は、身近なところにいるだけに、世界各地の民話などに多く登場するのだが、多くの場合、可愛らしいには違いないが、その半面、ずる賢い面も持った動物として描かれているのは、弱くて臆病な兎の習性から生まれたものであろう。

あの因幡の白兎も、愛すべきトリックスターの一面を持っていると思われるのである。

神の使者としての兎

因幡の白兎の話は、『古事記』の「大国主神」の項に記されている神話である。

大国主神の兄弟の八十神たちが、因幡の八上比売《ヤガミヒメ》と結婚しようと考えて、ともに因幡に出かけたとき、大国主神（大穴牟遅神《オホナムヂ》）に袋を負わせ、従者として連れていった。彼らは、気多《けた》岬で裸の兎が伏せっているのに出会った。八十神たちは、その兎に「海塩《うしお》で沐浴をし、風に当たり、山の上で伏せるといい」といった。そこで、兎は、八十神たちの教えのとおりにした。風が吹いて海水が乾くにしたがって、兎の皮膚はひび割れた。最後に来た大国主神が痛み苦しんで泣き伏せっている兎に理由を聞くと、その兎は次のように語った。

私は隠岐の島からこの地に渡ろうとして、海のワニ（鮫《さめ》）をだまして「私たちとお前たちとどちらが仲間が多いか数えてみよう。お前たちは一族を連れて来て、この島から気多の岬まで皆で並びなさい。私はその上を踏んで、走りながら数を数えよう。これで私たちとお前たちとどちらが多いかわかる」といった。鮫が並んだので、私はその上を踏んで、数え渡って来て、まさに岬に下りようとした、そのとき「お前たちは私にだまされた」というと、端にいた鮫が私を捕へて衣服を剥いだ。私が泣いていると、先に行った八十神たちが「海塩《うしお》を浴びて、風に当たっていよ」と教えてくれたので、そのようにしたところ、私の身体は傷だらけになった。

そこで大国主神は、その兎に「急いで水門《みなと》に行き、水でお前の身体を洗いなさい。そして、水門のところの蒲の穂を取って敷き散らかして、その上に寝ころべば、お前はもとのように治る」と教えた。そこで、兎が教えの通りにすると、その身体はもとのようになった。これが因幡の白兎であり、いま兎神という。その兎は、大国主神に「八十神たちは八上比売と結婚できない。貴方は袋を背負っているけれども、八上比売と結婚できるでしょう」といった。

この神話に登場する兎は、小利口ぶって鮫をだまし、島渡りの目的は遂げるが、最後に馬脚を現わして、痛い目に会うのである。その点では、トリックスター的な面も見られるが、それだけではない。大国主神に八上比売と結ばれるであろうという神託を下すことのできる霊力・呪力を持った兎神でもあったのである。ある地域の巫女的女性と結婚するということは、その地域を支配するということを意味した。因幡の白兎は、大国主神が支配者になることを予言していたのである。

古代社会において、白色の動物は瑞兆として尊ばれていた。白い雉《きじ》が発見されたことによって、元号を白雉《はくち》（六五〇〜六五四）とした例は有名である。また、白蛇や白鼠・白馬など白色の動物を神格視しているところは多い。

雪の多いところの野ウサギの冬毛は白色となるのが普通で、珍しいことではないのだが、白いということで瑞兆視され、霊格視されたことは十分に考えられる。
兎神について、日本思想大系『古事記』の頭注には「白い兎は巫女の神使いの動物で、やがて神として祀られ、兎神と呼ばれたとする説がある。因幡地方に兎を霊物視する民間信仰があったか」と記されている。島根県では、山祭りの日に山神が白兎に乗ってきて山の木を数えるのだと伝えている。青森県にも兎を山神の使者としている地域がある。

東北地方の凧絵に「波兎」と呼ばれているものがある。逆巻く波の向こうに蹲《うずくま》る兎や、跳ね飛んでいる兎を描いたものである。波兎の絵は単純に因幡の白兎に因んだものと考えられているが、海上に浮かぶ月を

青森凧・波兎

津軽凧・旭兎

背景に描かれているものも多い。これは謡曲『竹生島《ちくぶしま》』の「月海上に浮かんでは、兎も波を走るか、面白の浦の気色や」が念頭にあっての絵柄だとも考えられる。しかし、兎が波の上を走るといった奇異に思える発想の背景には、もう一つの「兎波」があったようである。

天野武氏の『野兎狩り』によると、西北九州の糸島半島から北海道西岸の積丹半島にいたる日本海沿岸の各地には「兎波」とか「兎が跳ぶ」とかいう一つの判断基準が伝承されているということである。

秋田県男鹿市脇本では、海岸近くではそれほど波が立っていない場合でも、沖合に白波が立ってくると「兎が跳ぶ」といって、海が時化《しけ》てくる前兆としていたし、また同じ男鹿市五里合や北浦などではタバカゼ（西北風）や西風が吹きだすと海が荒れるといい、それに伴って沖合に白波が立ってくると、ウサギナミが立つといい、出漁を見合せたということである。沖に立つ白波に海上を跳ぶ白兎を見て、海が荒れる前兆と受け止めていたのである。このような伝承も、兎の持つ予言的性格からきていると考えられる。

菅江真澄が秋田県山本郡八森町を歩いた時の紀行『おがらのたき』の文化四（一八〇七）年四月二〇日の項に、

　出て遠つ方をむかへば、正子《まね》（真北）に当たりて見ゆるは船ガ沢の兎雪、亥（北北西）の方に見えたる「上の字ガ嶽」は、消え残る雪の形、上文字をなせば、かれをもて白上（神）山の名に負ふことにや。これをためしに早苗とる頃とて、田打ちの心いそぎし。

とある。福島県と山形県の境にある東ヶ嶽の山麓でも、四月の初め頃、消え残る雪が大小二羽の兎が走る形に見えるという。これをウサギガタといい、籾種をおろす目安になっていた。

兎は弱い動物であった。

しかし、兎は、未来を予言する能力も持っていたのである。そのような力を持っていたということは、兎が神の使者であったからに他ならない。

西王母と兎

月に兎がいるという伝承を持っている民族は多い。

私たち日本人も、月には兎が棲んでおり、満月の夜は、兎が餅をついているのだと教えられて育ってきた。

日本では餅だが、中国では薬ということになっている。

晋の詩人傅玄《ふげん》の『疑天問』には、

月中何か有る、玉兎薬を搗く。

とあるし、李白も『酒を把りて月に問う』で、

白兔薬を搗く、秋また春、嫦娥孤栖す、誰と共にか隣せん。

と詠んでいる。嫦娥《じょうが》というのは、月の異名である。これは次のような伝説からきている。

嫦娥という美しい女がいて、夏《か》の王の妻であった。ある

東漢時代の「西王母」画像磚（中国、四川省成都出土）

とき、王が保持していた西王母の不老不死の仙薬を盗んで飲んだ。すると、月の中に入れられ、そのまま死ぬこともできなくなってしまい、寡婦として過ごさなければならなくなった。

この話は『淮南子《えなんじ》』に記されている。

また、一説によると、嫦娥は蟾蜍《ひきがえる》になったのだともいわれている。

蟾蜍かどうかは別として、ともかく、嫦娥が不死の世界に入ったと考えられているということはできるであろう。

中国や高句麗では、太陽には烏、月には蟇蛙がいるとも考えられていたのである。

西王母は、中国古代の仙人で、崑崙山に住み、不老不死の仙薬を持っていたと伝えられている。『山海経《せんがいきょう》』によると、その姿は人でありながら、虎の歯と豹の尾を持っていて、髪はぼさぼさであり、よく吼えたということである。

しかし、この西王母も次第に美化されて、周の穆王《ぼくおう》がともに遊んだとか、不老を願う漢の武帝が仙桃を与えられたとかいう伝説をも産んでいったのである。

仙桃というのは、西王母が管理していたという桃で、三〇〇〇年に一度花をつけ、実を結ぶという不老不

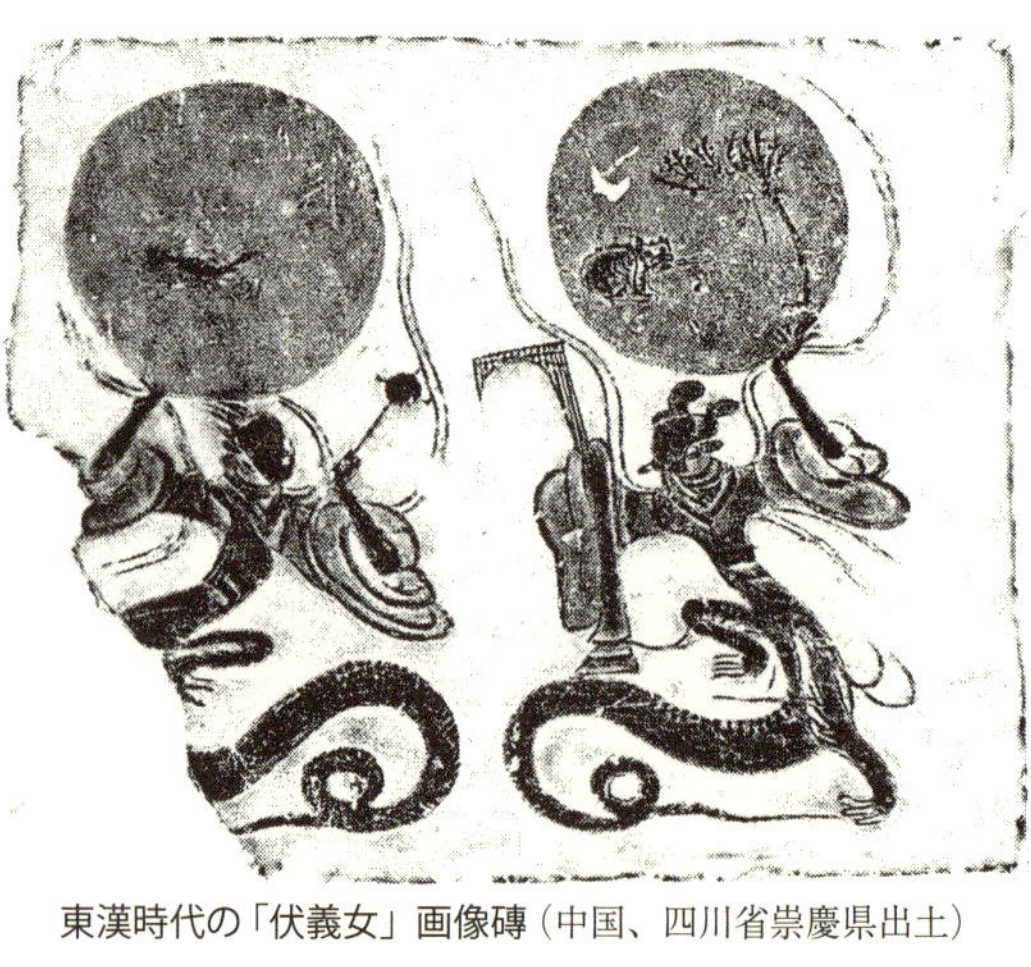

東漢時代の「伏義女」画像磚（中国、四川省崇慶県出土）

死の仙菓であった。この桃の話は日本にも伝えられて、『唐物語』『栄華物語』『曾我物語』や謡曲「西王母」などで取り上げられている。

『史記』の司馬《しば》相如《しょうじょ》列伝によると、西王母は足が三本の烏を使っていたということである。『史記正義』には、それは青い鳥であると注が付けられている。

ところで、中国には、この西王母を描いた画像磚《がぞうせん》が数多く伝えられている。七七頁の挿図もその一つであるが、そこには三本足の烏とともに兎が描かれている。不老不死と関係のある西王母は、兎とも深く関わっていると考えられていたのである。

死と再生を繰り返す月と兎

日本では、月には「をち水」という若返りの水があると古くから信じられていた。月が満ち欠けを繰り返すことからきたもので、月には死と再生を繰り返す聖水があると信じられていたのである。

『万葉集』には、

天橋も長くもがも　高山も高くもがも　月読の持てるをち水　い取り来て　君に奉りて　をち得てしかも　（巻一三—三二四五）

とある。月にある「をち水」を取ってきて、君に捧げて若返っていただきたいという意味である。また、同じ『万葉集』の、

我が手本　まかむと思はむますらをは　をち水求め　白髪生ひにたり　（巻四―六二七）

は、私の手枕で寝たいならば、をち水を探して若返りなさい、白髪が生えていますよという意味である。

仏教説話の中にも月と兎の関係を語る物語がある。釈迦の前生の物語を集めたインドの『ジャータカ』の中には、次のような話が伝えられている。

森の中に棲んでいた狐と兎と猿が、老人に身をやつしたインドラ神（帝釈天）に食物を提供することになった。狐は鯉を、猿は花や果物を探して持ってきたが、兎は何も探し出すことができなかったので、自分を食べてくださいといって、燃えさかる炎の中に身を投じて焼け死んだ。インドラ神は兎を讃えて、その亡骸を月に残すことにした。

この話は『今昔物語』にも見られる。この話では、月の兎が直接に不老不死と関係があるというわけではないが、焼け死んだ兎が月の世界に再生したという点では、不死とまったく無縁ということではないと考えられる。

アフリカに、死の起源に関する次のような神話がある。

月が、使者として兎を人間界につかわし、人はいったんは死んでも、月のように復活するのだということを伝えさせようとした。しかし、兎はそのことを忘れてしまって、人は死んだら月のようには復活はできないのだと伝えた。それ以来、人は死ぬようになった。兎の報告を聞いた月は、怒って棒を投げて兎の唇を裂いた。兎は逃げ出した。だから、今にいたるも兎は走っているのである。また、兎が逃げる前に月の顔を爪で傷つけた。その傷跡が今でも見えるという人もいる。

この話も、月と兎が深く関わり、また、月が死と再生、すなわち不死と深く関わるものとして認識されていたことを物語っている。

青森県では、

兎は山の神の使者である

といっているし、また、

兎の足で撫でると疱瘡が治る

と伝えている地域もある。これらは、兎に神性を認めているからの伝承と考えられる。

私たちは、月の兎は餅をついていると考えているのだが、その「モチ」は「ミチ」、すなわち「満ち」に通じる言葉であり、カミ（神）に対する重要な供物であると考えられている。

しかし、餅の白色円形といった姿から考えると、餅は、供物というより、依代そのものであると考えるべきであろう。

そして、兎は、深くそれと関わっていたのである。

辰・龍

天空と地上を結ぶ龍

十二支の五番目の「辰」は龍である。

龍は想像上の動物である。

そもそも、想像によって一つの動物が創造されたという事実自体が、その動物が一般的な存在ではなく、特別な使命や役割を持っていたということを示しているのだろう。

中国では、龍は、常には水中に棲み、必要なときには天空に飛翔することができると考えられていた。天空は人間の力では及び得ない世界である。そのような異次元的世界と地上とを結ぶことができるというのが龍の特性であった。だから、仙人になった黄帝が龍に乗って昇天したり、不老不死の桃を管理していたことで知られる仙女の西王母が斑龍を乗り物にしていたといった伝承が生まれたのである。

天空を自由に飛びまわることのできる龍は、それ故に、皇帝と強く結びついていった。というのは、皇帝は、一般の人間とは異なり、自分が天と深い関係を持っているからこそ権力を保持しているのだという考えを支えにしていたからである。

皇帝の紋章、あるいは、皇帝の周辺で使用される調度類や衣服などに龍の文様が多く用いられるのは、このような龍を皇帝が日常的に配下に置いていることを示しているに違いない。人知の及ばない世界を自分のものとしている龍を自由にできるのであるから、皇帝は、当然のこととして、人間の及び得ない世界の存在だというわけである。このような考えは、ヨーロッパでも見られた。古代ローマやイギリスの王家などの紋章にも龍は多く用いられているのである。

龍の文様は、新石器時代にすでに見られるといわれている。そして、甲骨文字の時代から「龍」の文字が見られるのである。それが部族名などに見られるということは、その文字を冠することによって、その部族が他とは異なり、特別な力を持っていることを示そうとしていたのであろうと思われる。

『礼記《らいき》』では、龍は、鳳凰《ほうおう》・麒麟《きりん》・亀とともに、四霊の一つと位置づけられている。

仏教が中国に伝来すると、龍は、仏教を守護する八部衆の一つとされていた龍王と結びついていった。それは、仏典の中で、龍王が海と深く結びついていたからである。舳先が龍の姿となっている船の絵などを見ることがあるが、それは、龍が海を支配する存在と考えられていたからである。

浦島太郎が出かけた龍宮城は海の中にあったとされているが、この話も仏教以来の伝承を背景にして成立しているのである。彼は、亀に乗っている。海の中を旅するのであるから、亀に乗って海中を行くのは当然とも考えられるが、その背後には、人間世界と異次元とを結ぶ亀の霊力があったのである。

ところで、浦島太郎の物語では、亀は単なる乗り物に過ぎず、龍宮城で海原を支配しているのは龍王なの

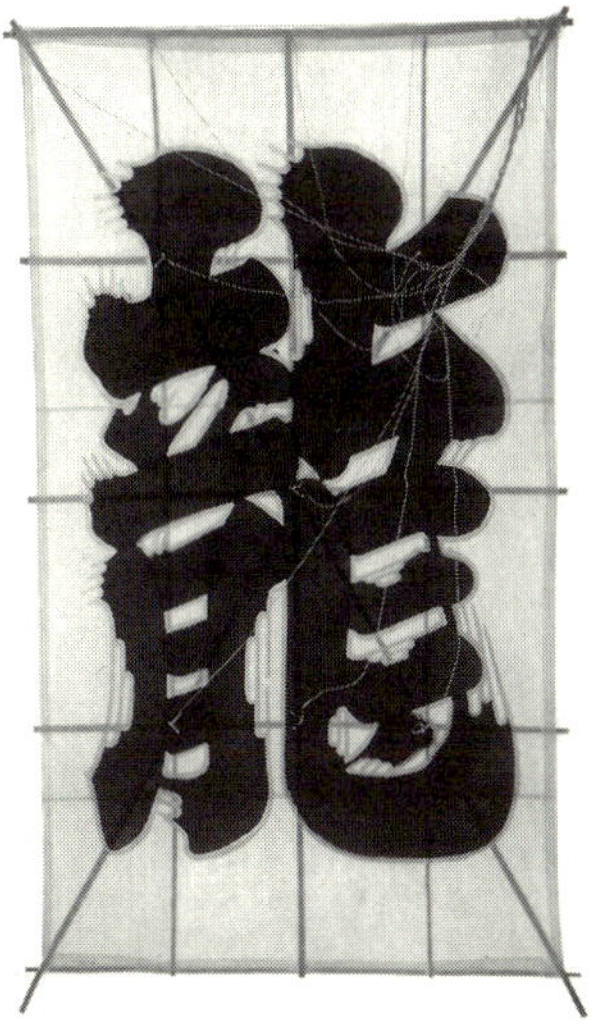

「龍」の文字を描いた凧
江戸凧（左）、米沢凧（右）

である。この点を考慮に入れると、同じ四霊の一つとされながら、龍は亀以上の存在に成長していったのだと考えられる。このような龍の成長の過程を支えたのは、亀が、少なくとも人間が目にすることができる現実の動物であるのに対して、龍はあくまでも想像上の存在であったからではないかと思われる。

『法華経』の第一二品に「変成男子」と通称される説話が載っている。それは、女性は成仏できないとされていたが、そのような通説を破って龍女が成仏したという話である。ここでいう成仏とは、死ぬという意味ではなく、まさに悟りをひらくという意味である。この話は女人往生の可能性を示したものとして知られているのだが、最初に成仏し得たのが龍女であるとするのは興味があるところである。龍はそもそも次元の異なる存在であり、それ故、龍女も、当然、特別な力を持っていると考えられていたに違いないからである。その龍女が成仏したということをわざわざ提示し、それに驚く仏弟子たちを描いたということは、龍が、仏教が成立して来た地盤とは異なる世界に発達した考えであって、それをも仏教が呑み込もうとしている時期を示すものと考えられる。

龍とドラゴン

龍は、身体全体の印象は大蛇に似ていて、四本の足を持ち、それぞれの足には五本の指があり、背中には八十一枚の鱗《うろこ》がある。そして、頭には二本の角があり、長い尾を持つとされている。そのような姿から考えると、発想の原点には、蛇や亀があったように思われる。亀は万年の寿命を持つとされる霊獣である。蛇は、いうまでもなく、水と深い関わりを持ちつつ、大地とも結びついていた存在である。それらの、古くから霊性を持つものとして考えられていた動物たちを集合して龍が創造されたと考えられるのである。

龍はヨーロッパにもいた。そこではドラゴンと呼ばれ、同じく想像上の動物である。四本の足を持つ中国的な姿のものもあるが、大きな羽を持った二本足の、あたかも鳥のような姿のものが多い。天空を飛翔でき

羽を持った龍
（B. マルトレル《聖ゲオルギウスと龍》1435年頃）

るからこそ霊力を持っているといえるのだという考えが、ヨーロッパにもあったと思われる。大きな翼を持ったドラゴンは、インドにあった霊鳥ガルーダの影響を感じさせる姿である。

すべての出発点は、インドの民間信仰的世界にあったのではないだろうか。

ヨーロッパのドラゴンは、地中や洞窟の中に棲み、隠された財宝を守護すると考えられていた。地中に棲むというところから、生産力の象徴として位置づけられていたのであるが、この巨大な霊力を打ち破り得るところにはるかに大きな人間の力を見ていくという考えが強くなり、大地の象徴である龍を殺害することが英雄伝説の中の必須条件となっていくのである。有名なドイツの英雄叙事詩「ニーベルンゲンの歌」の主人公・ジークフリートも、龍を退治することによってその英雄性を高めているのである。

水の世界・稲作と結びついた日本の龍

『日本書紀』の神代篇に、海幸山幸の話に続いて、次のような話が載っている。

海神の娘のトヨタマヒメがホホデミノミコト（山幸）の子を産むために海岸まで上がって来た。そして、浜辺

ジークフリートと龍の戦い（M. コッホ画、A. ホイスラー著『ゲルマン英雄伝説』より、1904年）

龍を象った郷土玩具

に産屋《うぶや》を建て、私が子供を産む姿を見ないようにと約束して、そこに入った。しかし、ホホデミノミコトは、我慢できなくて覗いてしまった。すると、産屋の中で、トヨタマヒメは龍になって子供を産んでいた。恥じたトヨタマヒメは、茅で子供を包んで海辺に置き、海の道を閉ざして、海の世界へ還っていった。その子をウガヤフキアエズノミコトといった。

この話は、ウガヤフキアエズノミコト（鸕鶿草葺不合命）の子供が神武天皇になるという形で天皇家の系譜に直接つながり、日本神話の上で重要な位置を占めているものである。

同じ話が『古事記』にも記されているが、そこでは、トヨタマヒメは大きな鰐に姿を変えている。鰐とされたのは、龍が、中国において、足を持った大蛇と考えられていたからであろうと思われる。

ところで、このウガヤフキアエズノミコトはトヨタマヒメの妹のタマヨリヒメと結ばれて四柱の子を持つのだが、その子供たちの名は、イツセノミコト、イナヒノミコト、ミケヌノミコト、ワカミケヌノミコトというのである。これらの名前は、みな、稲と関係があるといわれている。そして、ワカミケヌノミコトが、カムヤマトイワレビコノミコト、すなわち神武天皇となるのである。

この話は、「龍」が、海の世界、すなわち水と関係が深いということ、また、生産、特に稲作と深く関わる存在であるということを物語っている。

日本人は、古くから、海の遠い向こうに不老不死の理想郷である常世《とこよ》の国を考えて来た。先のミケヌノミコトは、波を越えて常世の国へ行ったと『古事記』は記している。沖縄の人々が、海の彼方にニライカナイという理想郷があると考えたのと同じである。そして、この理想郷は、海中の理想郷である龍宮とつながっていったのである。このような異界に棲む龍王や龍女が、人間を超える能力を持つと考えるのは当然である。

長崎市の諏訪神社のオクンチと呼ばれる秋祭は巨大なジャが踊ることで有名だが、この「ジャオドリ」を「龍踊」と表記している。このように表記するのは近年のことだそうだが、この文字を抵抗なく受け入れたということは、我々の心の奥に、蛇と龍とを一体視する考えがあるからに違いない。

長崎の龍踊は、中国の雨乞いの神事が長崎在住の中国人によって伝えられたものということであるが、巨大な蛇、すなわち龍が、水と深く関わる存在であるという認識が日本人の中に古くからあったからこそ、この祭礼の導入が可能となったと考えられる。

龍神伝説

龍神が棲むといわれる淵の類は多い。

長野県佐久市、山梨県上野原町（現上野原市）、岐阜県恵那郡加子母村《かしもむら》（現中津川市）、兵庫県小野市、福井県朝日町（現越前町）などには龍宮淵と呼ばれる淵があることが報告されているし、また、山形県鶴岡市の貝喰池《かいばみいけ》、宮崎県東臼杵郡北方村（現延岡市）の百椀とどろ淵、長野県松本市のお玉が淵、岐阜県下呂町（現下呂市）の椀貸淵、岐阜県美濃加茂市の亀淵、兵庫県神崎町（現神河町《かみかわ》）の曲淵などは龍宮に通じているといわれている。

その他にも、静岡県佐久間町（現浜松市）の大人淵、新潟県糸魚川市の稚児池などには龍神が棲むといわれている。琵琶湖にも龍神信仰は伝えられている。

龍宮童子と呼ばれる昔話がある。

　貧しい男が、亀に案内されて龍宮を訪れ、土産に洟垂れ小僧をもらう。その子は、望みを何でもかなえてくれるので、男は大金持ちになった。しかし、その子があまりにも汚いので、帰ってくれといって追い帰してしまう。子供が家を出ると、何もかもが消えて、もとの貧しい生活に戻ってしまった。

この小僧は、龍につながる存在であり、富貴をもたらしてくれる力を持っていた。

全国に分布する龍宮女房といわれる系統の昔話は、貧しい男が龍宮の女性を妻とし、最後には殿様になるという話である。多くの異類婚姻譚が別離によって終局を迎えるのに対して、龍宮女房系の夫婦は末永く幸せに過ごすのである。

御伽草子の『浦島太郎』に代表される浦島太郎の物語は、絵本類で誰もが一度は読んでいるものである。この話は『丹後国風土記』逸文に最初に見られるもので、古くからの龍宮信仰を背景に成立していると考えられる。

亀を助けた浦島太郎は、翌日、小舟に乗った女性に連れられて龍宮へ行き、その女性と結婚する。浦島太郎は、そこで幸せな生活を三年間過ごすが、故郷が恋しくなって一人で現実世界に帰って来る。すると、すでに七〇〇年が経過していた。そこで、帰るときに土産にもらった箱を開けると、雲が立ち登って、彼は見る間に老人になり、鶴に変身して飛び上がった。

絵本類では、海辺で呆然と立ちつくす浦島太郎の姿を描いて終わり、約束を破った報いといった教訓譚になっているが、御伽草子の太郎は鶴に変身しているのである。鶴は、亀との対比で発想されたものと考えられるが、鶴も亀も長寿の象徴であり、その意味では、永遠の寿命を得たともいえるのである。

先に述べたように、龍宮は常世の国であった。龍宮に受け入れられた浦島太郎が、永遠の生命を得るのは当然であり、そこには何の矛盾もなかったのである。

龍は、水との関わりの中で、雨を降らせる能力を持つとも考えられ、それ故に、稲作系の豊穣や富貴と結びついて考えられてきた。また、海中の永遠の理想郷と重なって、長寿祈願や子育てとつながっていったのである。

巳・蛇

十二支の六番目の「巳」は蛇である。

蛇は爬虫綱有鱗目ヘビ亜目に属する四肢の退化した爬虫類の総称である。現生種として約二五〇〇種が、南極大陸を除く、各大陸に分布しており、一部の種は北極圏付近にも棲んでいることが知られている。

分布域が広いだけでなく、生活圏も多様である。平地から四〇〇〇メートルの高地までの森林、草原、湿地、荒れ地、砂漠、地上、樹上、地中に棲息するばかりではなく、海洋に棲む種もいることはよく知られているところである。また周囲の温度によって体温を変化させる変温動物であり、日本のような温帯では、冬になると地中にもぐって冬眠する習性を持っていることも周知のことである。

四肢を持たない独特の細長い体形で、蛇行《だこう》運動によって前進する姿や、チロチロと舌を出し入れして獲物を狙う姿勢、とぐろを巻いた特有の攻撃・防御態勢、口を大きくあけて大きな獲物を呑みこむ姿などが人に不気味な感じを与え、恐怖感をそそるのだが、一般に蛇の性質は温和で、逃げ足も速く、毒蛇でも自衛以外に人間を攻撃することはないといわれている。

古典に見える蛇の呼称

日本には、亜種を含めて、陸生三三種、海生九種が分布しているのだが、その中で、アオダイショウ、マムシ、シマヘビ、カラスヘビ、ヤマカガシ、ヒバカリ、ジムグリ、エラブウミヘビ（エラブウナギ）、ハブなどが一般的に知られている。このうちマムシと南西諸島から沖縄にかけて棲むハブが毒蛇で、他は無毒である。

マムシ類のように卵胎生のものもいるが、大半の蛇は卵生である。だが、鳥とちがって卵は放置され、自然孵化によって生まれる。繁殖期や冬眠時に少数が集合することはあるが、原則的には群れ生活ではなく単独生活をする動物である。

蛇は音声は出さないし、行動も静かで、比較的動きも少ない動物である。したがって、容易には姿を見せない動物だといえる。しかし、生活圏が広く、個体数が多いこと、また鼠や卵などの獲物を狙って屋内や、耕地の周辺など人の生活領域に棲んでいることも多いことなどから、人目に触れる機会は多かった。

ミズヘビ類だけでなく、多くの蛇は水に入ることを好み、また、遊泳も巧みである。

ここで、わが国での呼称について考えてみようと思う。

聖天様（奈良県生駒の宝山寺）

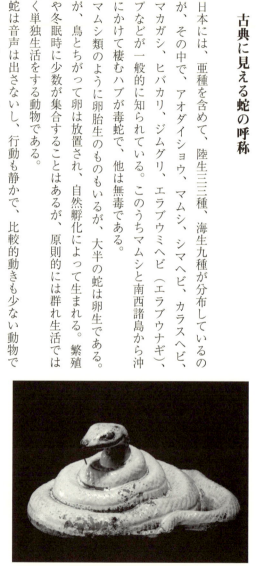

『倭名類聚抄』巻一九には

蛇一和名　倍美、一ニ云フ久知奈波、日本紀私記ニ云フ、乎呂知　毒虫也

とある。「倍美」はヘミである。ミに「美」の字を当てていることからもわかるように、ミとビは交替しやすい音であるから、ヘミが現在のヘビに転じたものと考えられる。ヘミは、ハム（食べる意）から出た言葉であろう。「久知奈波」はクチナワである。口縄の意とも、また、朽ち縄の意ともいわれている。「乎呂知」はオロチである。尾のある霊（チ）が語源ではないかと考えられている。

ハミは、人間を嚙むところからきた名とも考えられているが、本来は、蛇が蛙などの小動物を呑み込むところからの呼称だったのではないだろうか。クチナワは、とにかく縄状のものだからであろう。

『物類称呼』巻二には、

蛇　へび、関西及四国にクチナハ、関東にヘビ、薩摩にて女の詞にタルラムシと云ふ。家グチナハと云へるは、屋上にすみて鼠を追ひ、鳥の雛を捕るもの也。これ黄頷蛇《こうがんじゃ》也。近江にてサトマワリと云ふ。播磨にてオナブソといふ。津の国にてオナビソ、又、ネヅミトリと云ふ。筑前にてヤジラミと云ふ。一種東国にて山カガチと云ふを近江にてシマヘビと云ふ。又、一種巨蛇、和名オオヘビ、東国にてアヲダイシャウと云ふを近江にてアヲソと云ふ。又、一種畿内及東武にてカラスヘビと云ふを、安房にてスグロヘビと云ふ。筑前にてウシグチナハと云ふ。

とある。また、

蝮蛇　まむし、西国にてヒラグチと呼び、筑前にてハメと云ふ。土佐にてハミ又クツハミと云ふ。上総

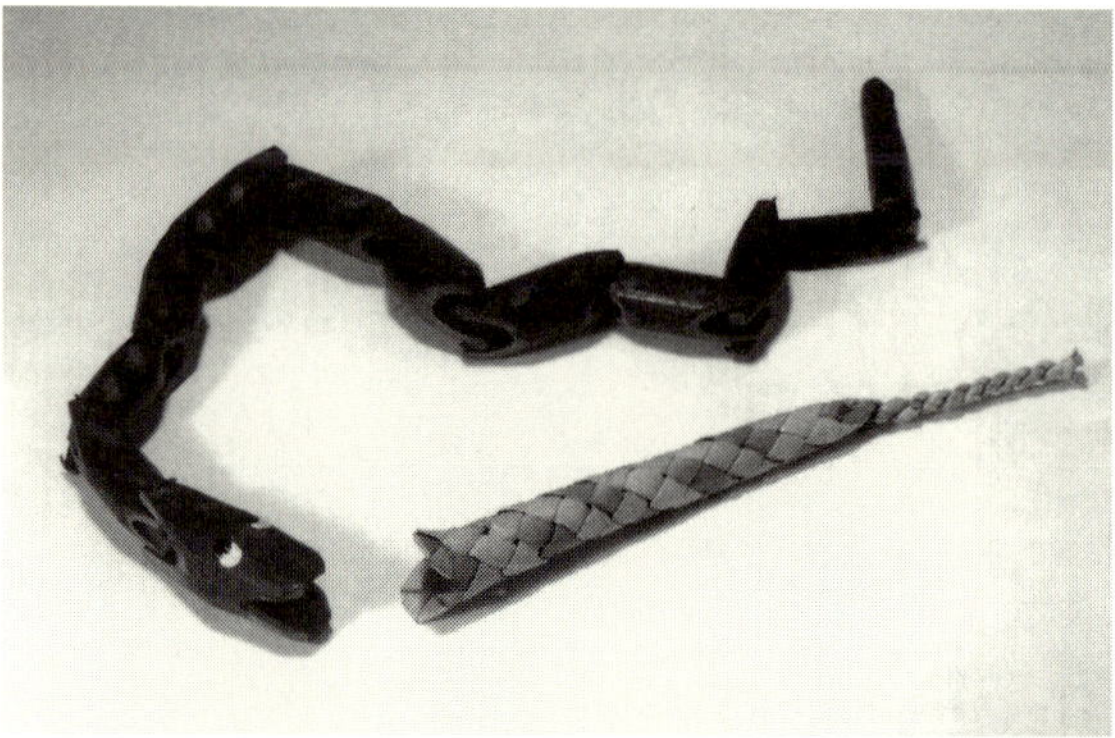

神奈川県伊勢原市大山阿布利神社の竹ヘビ（左）と沖縄本島のハブグワ（右、アダンの葉でつくられている）

房州にてクチハミと云ふ。これ和名ハミ也。又、一種俗にヒバカリと云ふ有、土佐にて日ミズと云ふ。小く錦色なるもの也。人これにさゝるる時は、日を見る間なく死すと云ふ心にて日ミズと云ふと也。

とも記されている。（ヒバカリはここに記されているように、かつては毒蛇だとされていたが、無毒種であることが証明されている。）

このようにさまざまの名称があって、ヘビという呼称に統一されていないということは、蛇が、単なる観念的存在ではなく、現実に人間の日常生活の場で、人間と共存していたことを示していると考えられる。

蛇は、古くから人の生活と深い関わりを持つものとして、尊敬され、また、嫌われもしてきたのである。

蛇に対して強い嫌悪感を持っていてそれを避ける人は多いのだが、あるいは、それは、神聖なものに対する禁忌であったかもしれないのである。蛇を神聖視し、神と崇める風も、また、世界中に見られるところである。蛇崇拝は世界中にあり、シンボルとしての蛇も各地に存在するといわれている。

『旧約聖書』の「創世記」には「神が造られた野の生き物のうちで、最も賢いのは蛇であった」とある。また、『新約聖書』の「マタイによる福音書」にも「蛇のように賢く、鳩のように素直になりなさい」とある。地中海文化の中では、基本的に、蛇は賢いものと考えられていたのである。ギリシア神話の中でも、蛇は大地や水の世界と結びついて考えられてきた。また、蛇は何度も脱皮を繰り返すところから、再生や不死のシンボルにもなったのである。

蛇にまつわる諺と俗信

蛇は不気味な動物である。足のない細長い身体で、音もなく現われ、すばやく隠れる。とぐろを巻いて、細い舌をチロチロと動かしながら獲物を狙う姿は殊更に不気味で、怖い。人はそういう蛇に畏怖の念を抱き、嫌悪すると同時に、神聖視してきた。

蛇は、珍しい動物ではなかった。田圃の畦道でも、山道でも出会った。家の中で鼠を追いかける蛇を見ることも稀ではなかった。私たちは、日常的に観察する機会の多い蛇にさまざまな思いを託してきた。ここでは、日本各地に伝承されているさまざまの諺や俗信を素材として、我々の祖先が、蛇をどのようなものと視てきたか、また、その蛇にどのような思いを抱いてきたのかを探ってみたい。

先ず、形態と習性から考えてみる。

「蛇に足なし、魚に耳なし」という。蛇に足のないことは周知のこととして知られていた。また、「藪医者の薬箱と蛇の足は見たことがない」ともいう。これは、蛇や魚の形態上の特徴をいっただけのものではなく、

「蛇も一生、蛞蝓《なめくじ》も一生」と同じ比喩で、身体や境遇に違いはあっても、人間と同じように生きている、そのことに変わりはないのだということであろうと思われる。だから、「蛇を描きて足を添う」「蛇足を加える」といったような無用なことはしない方がよいということになるのである。

無用な詮索は、ときとして「蛇七曲がり曲がりて、わが身曲がりたりと思わず」ということになるし、「蛇の足より人の足見よ」で、蛇に足があるかないか、足がないと困るだろうなどという無益な詮索をするよりも、自らを反省することの方がより大事であろうということにもなるのである。

村の老人たちは、よく「足もとをみてものを言え」といった。うっかりすると、物事は「蛇竹に上り、百足地に転ぶ」であって、足のない蛇が竹に登り、足のたくさんある百足でも転ぶことがある、といった常識では考えられないことが起こるのが現実であるから、むしろ「藪をつついて蛇を出す」ような愚かなことをしてはいけないし、「蛇は竹の筒に入れても真っ直ぐにならぬ」ということにもなるのである。

生まれつき根性の曲がっているものは、直すことがむずかしいのだから、人はみな物事をよく見極め、「蛇の曲がり根性」にならないように注意しなければいけない、と諭してもいるのである。

強い生命力に執念を見る

獲物を狙うときの蛇は、辛抱強く、気配を殺して潜み、油断をみすましてぱっと襲いかかる。その習性からであろうか、蛇は執念深い動物の代表のように思われている。

このような考えに基づいて、執念深い人を「蛇のようにしつこい」といい、また執念深く、ねじけた性格の人を「蛇根性」と喩えたり、「妬み深きものは蛇になる」とか「蛇と長袖の祟りは恐い」などというのである。長袖は公家や僧侶などのことである。「坊主だませば七生たたる」などという俗諺もあるように、僧侶は執念深いものと考えられていたのである。

「女の情に蛇が住む」という諺もあった。「釣り鐘の真下に男女が同時に立てば蛇になる」というのは、道成寺説話の安珍清姫が念頭にあってのことであろうか。女もまた執念深いと昔の男たちは考えていたらしいのである。「蛇となって金を守る」というのは、金銭に対して強い執着を持つことの喩えであるが、後でもみるように、蛇と金（財産）は深い関わりのあるものと考えられてもいた。

蛇の絵馬（福岡県護国神社の巳年干支小絵馬）

蛇が執念深い動物であるという意識は、その生命力の強さから生まれたものとも考えられる。「蛇を殺さば頭を砕け」「蛇を殺したら止めを刺せ」とは各地で聞かれる俗諺である。「蛇の生殺しは人を嚙む」「生殺しの蛇に嚙まれる」などともいう。これらは、物事に決着をつけず、不徹底のままにしておくと恨みを受ける、後難を招くもとになるという戒めとして使われているのだが、その背後には、蛇を生殺しのままでおくと生き返って、祟られるという畏れの気持ちがあってのことである。「蛇を殺すと祟られる」と子供のころに親たちから何回もたしなめられた記憶がある。

蛇の絵馬（東京浅草寺の金運蛇神小絵馬）

日向地方の諺に「蛇を殺した竹は、唾を三度かけて捨てよ」というのがある。これも蛇の執念深さと関連のある諺であろう。

「蛇《じゃ》は寸にして其の気を現わす」「蛇は寸にして人を呑むの気あり」という。蛇はわずか一寸ほどのものでも、人を呑もうとする気魄があるということだが、これも蛇の性の強さを表現した諺で、「栴檀《せんだん》は二葉より香ばし」と同意に用いられている。

神奈川県では「蛇の骨を踏むと足が腐る」といい、奈良県では「蛇の骨を踏めば石豆ができる」などというのだが、これは蛇の骨が容易に朽ちず足に刺さって化膿したりすることが多かったことからくると考えられる。

「死んだ蛇を見たら土に埋めると歯が丈夫になる」というのは、道端に打ち捨てておくことの危険さと、その骨の強さにあやかろうとする気持ちのあらわれであろう。

「人のまわりを回ると蛇になる」という俗説がある。葬式で出棺のときに棺を担いで庭を回る習俗に因んで不吉であるからと説明されているが、明確ではない。

千葉県の南総地方では「八畳の間に一人で寝ると蛇になる」といい、大分県では「娘が一人で寝ると蛇になる」などという。独り寝の危険を注意しているに違いない。

また、「歌の返しをせぬと蛇になる」という地方もある。蛇が声を出さないということからきたものであろう。中世末に成立したと考えられる『浄瑠璃十二段草紙』にも「返事申さぬものは舌なき蛇身と生まれをなすとうけ給わる」という文句がある。声を出さないという異常性については、古くから人びとは気にしていたのである。

蛇と禍福と…

山道などで蛇に出会うと、一瞬ぎょっとさせられる。かつては、それも稀なことではなかった。そして、人びとは、その出会いを何らかの予兆と受け取り、そこから何らかの運勢を読み取ろうとしたのである。

福島県の山村、檜枝岐では、

蛇を見るとその日はあまりよくない、夏の初めに蛇を見ると、その子は足が遅くなり、トカゲを見ると足が速くなる。

などといい伝えているし、

蛇が道を横切ると悪いことが起こる（宮崎県）

蛇に道切りをされると、何か持ち物を落とすから、蛇に道を横切られたときは一歩退け（奈良県吉野郡）

などと伝えているところもある。これらは縁起の悪い前兆としているのであるが、逆に、兵庫県赤穂地方のように、

蛇を三匹見ると夜は御馳走がある

蛇がとぐろを巻いているのを見るとよいことがある

などといっているところもあるし、また、

蛇の交尾を見れば吉（千葉県南総）

蛇が番うているとき前垂れをかぶせたら福を得る（奈良）

などとも伝えている。一般に、

蛇の番うを見れば子を孕む

などといって、吉兆としているところは多いのである。ただし、吉としているのは、三匹の蛇を見る場合やとぐろを巻いた状態、あるいは、交尾をしている場面などに遭遇した場合が多いという特徴がある。

古くから、夢は超自然的な現象と考えられており、吉凶禍福を占う手掛かりと考えられてきた。蛇の夢もその一つであり、夢に蛇を見た場合に、それを何らかの知らせであると考える地方は多かったのである。

帯を枕元に置いて寝ると蛇の夢を見る

とよくいわれる。蛇の夢を避ける手だてでもあれば、また、予兆を積極的に求める方法でもあった。

三重県の四日市地方では「蛇の夢を見れば験が悪い」というし、長野県でも「蛇の夢を見るとよくないことが起こるから氏神様にお参りしなければならない」と伝えている。また、兵庫県の赤穂地方では「蛇が土の中へ入る夢は病気になる、土から出る夢を見るまでは治らない」などと伝えており、縁起の悪いものとしていた。

しかし、その逆に、岩手県の花巻の近郊では「蛇の夢を見て、それを三日言わぬと果報がある」「蛇の夢を見たら黙っているとよいことがある」といっているし、兵庫県の赤穂地方では「蛇の夢を見ると帯があたる」「蛇に巻かれている夢はよい」「蛇が川を遡る夢を見るとよいことがある」「蛇が懐へ入った夢を見るとお金が入る」などともいっている。同じ地方であっても、蛇の夢はさまざまに受け止められてきたのである。

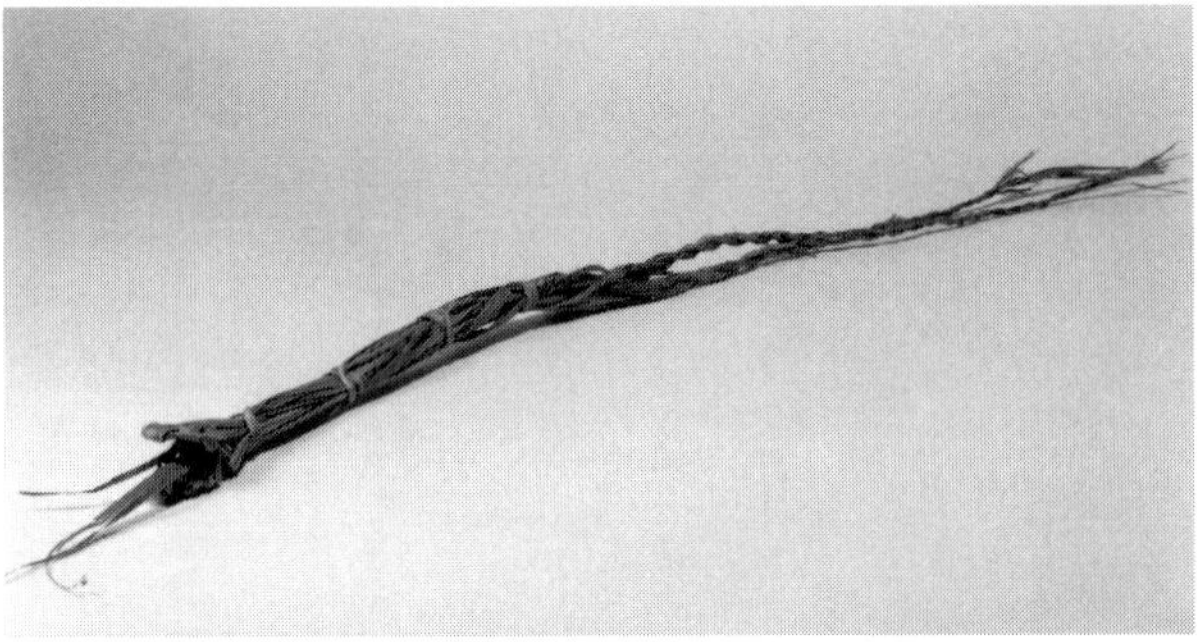
沼津市大岡のワラヘビ（葬式のとき、竹に吊り下げて墓に立てる死者の守護と魔除け、尻尾が2つに分かれているのは雌雄一体を示す）

岩手県の花巻のように「蛇の夢のことは他人に話すな」といっているところは、栃木県の宇都宮など多い。一般には、

蛇の夢を見ると縁起がよい

としている地方が多いのである。

以上は、蛇を見たり、あるいは、蛇の夢を見たりした場合であるが、その他にも、蛇に関連した事柄に出会うと、すぐに吉凶と関連させて考える地方は多いのである。

赤穂地方では「蛇が家の下に生き埋めになると不吉なことがある」「蛇が冬篭りをしているところを見ると、蛇が出てくるまで盲目になる」などといっていた。

「蛇の穴へ女性が小便をすると取りつかれる」という話は古く、『今昔物語』（巻二九）にその話が見える。「蛇の太さ長さを指で真似たら吹いておかぬと腐る」というのも、広くいわれているところである。日向地方では「もし指差ししてしまったならば、指切りをせよ」という。蛇を指差せば指が腐るという地方は多い。秋田県では「もしあやまって蛇を指差ししてしまったときは、他人にその指先を切るまねをしてもらうとよい」といっている。檜枝岐のように「人差し指に唾をつけるとよい」とする地方もある。奈良県では「俺の指腐るな、鳥の指腐れ」といって足で数回踏むと治るなどともいう。

このような、蛇に関わる禁忌的なものは多い。たとえば、

沖で蛇の話をすると漁がない

川漁をする時に蛇を見ると魚が釣れなくなる

蛇という言葉を聞くと不漁となる

味噌桶の下を蛇が這うと味噌が駄目になる

蛇を見れば眠くなる

倉の蛇を殺すと貧乏になる

などといわれているのである。

一方、青森県の五戸地方のように「蛇が家に入ると金持ちになる」とか「蛇がとぐろを巻いて甑のようになっているのを見ると長者になる」などというところもある。この話は江戸時代からあって、『近世説美少年録』の巻一に「蛇、あまたわだかまりて、高く巻きたる梼縄《たくなわ》に、相似たるを見し事あり。是なん世にいふ蛇甑にて、甑の中には宝貨あり、もしこれを得たらんものは、富み栄えずといふことなし」とある。

日向地方の「蛇の尾を切って埋めておくと銭を拾う」や宇都宮の「蛇が衣を脱ぐのを見ると福を得る」「蛇

が卵からかえるのを見ると利益がある」、岐阜県や三重県などの「蛇の抜け殻を財布に入れると金が溜まる」なども同じである。また、「蛇の抜け皮を箪笥に入れておくと着物がたくさんできる（播州赤穂地方）」「蛇の抜け殻を懐に入れると籤運が強くなる（青森県五戸地方）」などともいう。

蛇は、禍福と深く関わった存在だったのである。

蛇と雨・蛇と石にまつわる伝説

蛇に関する伝説は各地に見られる。その一部を紹介する。

長野県更級郡塩崎村（現長野市）の猿の平の池の畔に蛇の枕石と呼ばれる石がある。この石を稲荷山の前田屋の庭石として運んだところ、塩崎だけに大雨が降り出した。長谷の寺に伺いをたてると、この石は蛇の昼寝する石であり、このままだと一八日間も雨が降り続くから、もとに返すか、あるいは極楽寺へ持っていけばよかろうという話であった。それで極楽寺へ納めた。

長野県南佐久郡青沼村平林（現臼田町）には、上の池、中の池、池の尻という三つの池があって、そこに鼎形に石があった。中の池の石を蛇の枕石といった。昔、この池に棲んでいた蛇が枕にしたといい、蛇が起きて三つの池の間を往来すると必ず雨が降るので、村人はそれによって晴雨を知った。中の池の水は乾いたことなく、水が少なくなると雨が降り、長雨で池が溢れかかると止む。

大分県大分郡八幡村鹿隅（現大分市）の東の畑の中の二つの石を蛇の枕石という。この畑が池であった時、その池の主であった雄雌の大蛇が枕にしたといい、今は龍王様として祀り、春夏冬に祭をしている。雨乞いをする場合は、この祠でするすることになっている。この石を取った者は腹が痛くなるという。

東京都南多摩郡恩方村（現八王子市）の東の外れの山裾に小さな淵がある。ここに長さ一間、幅は三、四尺ぐらいの石がある。これを蛇石といい、その尾は一里半ばかり離れた八王子城跡の中腹に出ているといわれている。蛇石の淵の小魚に手をつけると、雨が降るか、あるいは暴風雨が起こるといって、誰も手をつけない。

長野県南佐久郡北牧村馬流（現小海町）の裏山に、一間半に一間の大きさで、高さが三尺ほどの石がある。蛇が土の中から頭を出した姿に似ている。この石から雫が落ちると雨が降るといい、雨の欲しいときにはこの蛇石を見て判断した。この石は、八ケ岳に棲んでいた大蛇が山崩れでここまで押し流され、石に化したものだという。同じ南佐久郡の岸野村曽里や内山村（どちらも現佐久市）にも蛇石の伝説がある。

奈良県高市郡高市村阪田（現明日香村）の東南七、八丁のところに、クツナイシ（蛇石）という高さ五尺ほどの石がある。晴天が続くと、石の割目から黄色い蛇が現われるのでこのようにいうのである。旱天が続くときには、ここで経を読む。すると、蛇が現われ、雨を降らすといわれている。通行の邪魔になるといって、ある時この石を割ったところ、石から血が出て来た。そして、石を割った石屋は死んでしまった。そこで、社を建て、この石を祀った。それが七社弁天である。

このように、蛇にまつわる伝説を見てゆくと、石と雨とに深く関わっているものが多いのである。すでに述べたように、蛇は水と縁が深く、各地の淵や瀬などには、蛇が棲むといわれるところが多い。現実に、そのような場所で蛇を見ることが多かったのである。そのような事実を背景にして、各種の伝説が生まれ、蛇は、次第に、水の管理者として位置づけられていったと考えられる。そして、稲作農耕が主であったわが国の農村地帯においては、その田に水を供給する川や雨と関わる存在として、蛇は大きな意味を持つようになっていったのである。

また、雨と直接つながるわけではないが、石と深く結びついている伝説には、次のようなものがある。

氏神の山に大石がある。蛇石という。東の方が裂けていて、小さい穴があいている。朝、太陽がこの穴に差し込む頃に見ると、中に太い蛇の形が見える。その動く様子は、昔より今にいたるまで変わらない（岡山県吉備郡足守《あしもり》町、現岡山市）。

大窪池のスゲヘビ（岐阜県白川郷。金運・開運の御守）

中山川の蟹瀬という淀に、高さ四尺五寸、幅八尺と四尺の石がある。蛇石という。その石に水を注ぐと、蛇の鱗が現われるといわれている。昔、大洲の藩主が庭石にしようとこの石を運ぶと、一夜のうちにもとの場所に戻ってしまった。そこで、ふたたび運ぼうとすると、今度は数百人の力でも動かなかった。この石は巫ケ淵の大蛇の玩具で、大蛇は、しばしばこの石を鎌倉山に運んで、人や家畜を悩ましたので、天龍院の名僧が封じ込めて、その災いを絶ったという（愛媛県喜多郡立川村、現内子町）。

昔、平景伴という人がいた。大永年中（一五二一〜一五二八）のことである。下半田川の淵で釣をして帰ると、魚籠の中に笹の葉が入っていた。それから数日して、今度は稚子岩という大岩の上に大蛇がいたので射ると、三日三夜その血が流れ、骨は三年間そこに残っていたという。それから蛇ケ淵と呼ぶようになったという。また中品野の弥宜という者が釣をしていて、岩の上の白鳩を射たところが、その鳩は大蛇となって死んだ。そして、その血は流れて血の川となった。それで、花の川と呼んだのだが、それが訛って半田川というようになった（愛知県東春日井郡品野村、現瀬戸市）。

愛知県額田郡福岡町福岡（現岡崎市）には、次のような話が伝わっている。

昔、ここは岬であった。当時、岩ケ崎弾正の妻が、夫が妾を愛するのを恨んで、入水して大蛇となった。蓮如上人が土地の人びとに説法したとき、その蛇は、女の姿となって毎夜説法を聴きに来た。そして、ついに解脱することができた。彼女は、岩ケ崎の北岸に現われて、巨石を枕にした、すると、たちまち天女に変じて昇天し、骸だけが残った。この岩を蛇枕石という。

巨石にまつわる伝説に蛇が関わることが多いのは、何故であろうか。

石は山を象徴するものであった。言葉を換えていえば、山にいます神は、里では、石に宿っていたのである。

神話に見る大蛇退治と治水

『常陸国風土記』行方郡《なめがたぐん》の項に次のような伝説が紹介されている。

継体天皇の時代のことである。

箭括麻多智《やはずのまたち》という男が葦原を開墾して田を作った。この時、谷《やつ》の神が群れをなして現われ、人がここに入ろうとすると邪魔をして、耕作をさせなかった。このあたりの人びとが谷の神というのは、頭に角の生えている蛇のことである。これに襲われて逃げるときには後ろを振り向いてはいけない。もし振り向いてその姿を見ると、家は滅ぼされ、子孫は絶えてしまうと言われていた。たいへん恐ろしいもので、このあたりの野にたくさん棲んでいた。

耕作を妨げられた麻多智は怒って、自ら鎧を着け、矛を持って群がる蛇を打ち殺し、追い払った。そして、山の口に境界の標《しるし》となる杖をたて、谷の神に向かって、
ここより上は神の地と為すことを聴《ゆる》さむ。此より下は人の田と作《な》すべし。今より後、吾、神の祝《はふり》と為りて、永代に敬ひ祭らむ。翼《ねが》はくは、な祟りそ、な恨みそ。

と言い、社を設けて祀った。その子孫が現在にいたるまで祭を絶やすことなく伝えている。

先に紹介した各地の伝説では、蛇は水や雨と関わっていた。行方郡の谷の神＝蛇も水と深い関わりを持っている。葦原は湿地であるし、それを拓いて田圃をつくるとき、最も大事なのは水をコントロールすることである。谷を支配する神は、水を支配するものでもあった。その神が耕作の邪魔をしたという話は、水の制御が人の力だけでは不充分で、洪水や渇水などによって被害を受けたのだということの象徴的表現である。蛇を殺し追い払ったというのは、麻多智が先頭に立って、神が管轄していた水を、人間の力によって管理するようになったという新しい時代の到来を暗示している。それだけ人間の知識・技術が進んで、力が強

郷土玩具の蛇3種　左・出雲張り子（島根県出雲市）中・能古見土人形（佐賀県鹿島市）右・三春張り子（福島県郡山市）

くなって来ていることを示しているのだが、それでもなお人力の及ばない部分があり、それを神の仕業と考え、その神を祀ることによって安定を得ようとしたのである。だからこそ、彼の子孫は後々まで谷の神を祭ったのである。

『古事記』の神話の中で、スサノヲ（須佐之男命）の大蛇退治はよく知られている話だが、これも、古代社会における治水事業の神話的表現と考えられている。

スサノヲ（須佐之男命）は、出雲国の肥の河の河上に人が住むと知って、尋ね求めて河を上って行った。すると、老夫と老女の二人が、童女を中に置いて泣いていた。そこで、二人の泣く理由を尋ねたところ、私には娘が八人いたが、八俣の大蛇が毎年やって来て娘を喰べるのであり、今、また、その時になったので泣いているのだと答えた。そこで、その形を尋ねると、「その目は赤かがちの如くして、身一つに八頭八尾あり。またその身に苔と檜と杉とが生え、その長さは渓八谷《たにやたに》峡八尾《をやを》に渡っていて、その腹を見ると、一面に常に血で爛《ただ》れている」ということであった。ここで赤かがちというのは、今の酸醤《ほおづき》のことである。

そこで、須佐之男命は、老夫に「汝が娘をば吾に奉らむや」と尋ねた。老夫は「恐れ多いことだが御名を知りません」と答えた。須佐之男命は「吾は天照大御神の同母弟で、天より降りて来たのだ」と言った。すると、老夫婦の足名椎《あしなづち》と手名椎《てなづち》は「奉らむ」と申し上げた。そこで須佐之男命は、童女を湯津爪櫛《ゆつつまぐし》にして、御髪に刺して、その老夫婦に、

汝等は、八鹽折の酒を醸《か》み、また垣を作り廻し、その垣に八門を作り、門毎に八桟敷を結い、その桟敷毎に酒船を置いて、船毎にその八鹽折の酒を盛って待て。

と言った。

そこで、その言葉に従って、酒船を設けて待っていると、八俣大蛇が現われた。大蛇は、酒船ごとに頭を垂れ入れて、その酒を飲んだ。そして酔って寝てしまった。

そこで須佐之男命は、十拳剱《とつかのつるぎ》を抜いて、その大蛇を切り散らせた。すると肥の河は血に変じて流れた。須佐之男命が、大蛇の中の尾を切ったとき、御刀の刃が欠けた。怪しいと思って、御刀で割いて見ると、都牟刈《つむは》の大刀が見つかった。そこで、この大刀を取って、不思議な物と考えて、天照大御神に事情を申し上げた。それが三種の神器の一つである草薙の大刀である。

須佐之男命は、新婚のための宮殿を造る地を出雲国に求められ、須賀の地にいたって、その地に宮殿を造って住んだ。須佐之男命が、須賀の宮を造られたとき、雲が立ち上った。そこで歌を詠んだ。その歌は、

八雲立つ　出雲八重垣　妻籠みに　八重垣作る　その八重垣を

というものであった。そして、足名椎を呼んで「汝を我が宮の首《おびと》に任命する」と言い、また、名を稲田宮主《いなだのみやぬし》須賀之八耳神《すがのやつみみのかみ》と名づけた。

そして、その童女、すなわち櫛名田比賣《くしなだひめ》と結婚した。

ここに見られる稲田宮主須賀之八耳神や櫛名田比賣という名からも明らかなように、この神話全体が稲作農耕と深く関わっている。水を征服した須佐之男命は、稲作農耕自体を自分の管理下に置いたのである。

このような神話を読む場合に、現代の感覚での勝敗を考えるのは誤りであろう。大蛇は敗退したが、それでこの世界から抹消されたわけではないのである。その絶対的な力が、この神話の場合では須佐之男命の一族、すなわち農耕民によって管理されるものとなったのであり、そして、その管理は、先の『常陸国風土記』でも見られたように、大蛇を祀るという方式をとるということなのであった。

大物主神と蛇

『古事記』中巻の崇神天皇の項に、三輪山神話として有名な話が記されている。

崇神天皇の時代、流行病が発生して人が多く死んだ。夜、天皇の夢の中に大物主神が現われて「流行病の原因は自分にある、私の子孫のオホタタネコに私を祭らせるならば平安になるであろう」と神託を下した。そこで河内にいたオホタタネコを呼び出し、御諸山《みもろやま》でオホミワノ大神を祭らせたところ世の中は平安になった。

このオホタタネコの祖先は、イクタマヨリヒメという美しい女性であった。立派な男が彼女のもとに通って来た。そして、二人は結ばれ、ヒメは妊娠した。両親が訊ねると、名前も知らないのだが、夜ごとにやって来るということであった。そこで、両親は「麻糸を針に通して、それを男の着物の裾に刺せ」と教えた。翌朝、鍵穴を通って外へ続いている麻糸をたどっていくと、三輪山の神の社にいたって止まっていた。それで男が三輪の神であるとわかったのである。このイクタマヨリヒメの玄孫がオホタタネコである。

同様の話が『日本書紀』の崇神天皇一〇年九月の項にもある。

ヤマトトトビモモソヒメが大物主神の妻となった。神は、常に、夜のみ訪ねて来るのであった。ヒメは「貴方は昼はいらっしゃらないので、はっきりとその尊顔を見ることができない。しばらく留まって、明朝、美しい御様子を拝見したい」といった。神は「もっともである。私は、明朝、お前の櫛笥《くしげ》に入っていよう。但し、私の姿に驚かないように」といった。ヒメは、夜が明けるのを待って櫛笥を見た。ところが、そこには美しい小さな蛇がいたのである。ヒメは、驚いて叫んだ。神は恥じて、人の姿となり、妻に「お前は、私に恥をかかせた」といって、御諸山に登っていった。ヒメは悔いて、箸で陰部を衝いて死んだ。

二つの神話は、ともに大物主神の話として語られているし、鍵穴を通っていることなどから考えて、『古事記』の三輪の神も蛇であったに違いない。蛇が水と関係があることはすでに述べたとおりである。また、箸で陰部を衝いたという話は、賀茂神社にまつわる雷神丹塗矢神話とつながっている。雷神は、いうまでもなく水と深く結びつき、当然、稲作ともつながっていた。

蛇と異類婚姻譚

『常陸国風土記』の那賀郡茨城の里の項に次のような話が載っている。

兄の名はヌカビコ、妹の名はヌカビメという兄妹がいた。妹が部屋にいたとき、名前は知らないが、求婚する男がいた。男は、常に夜しか来なかった。夫婦となって、一夜で懐妊した。産み月になって、妹は小さな蛇を生んだ。妹は驚き、心中に神の子であろうと考えて、清浄な杯に蛇を盛って、祭壇を設けて安置した。一夜の間に、蛇は杯の中に満ちた。さらに大きなかめに換えると、蛇は成長してかめ一杯の大きさになった。そこで、子供の蛇に「お前は神の子である。私には育てることができない。父のいるところへ行きなさい」といった。子は悲しんで泣き、顔を拭って「母の命令は承知しました。拒否するわけではないのですが、一人で行くのはつらいので、誰かともに行く者を添えてください」といった。ヌカビメは「わが家にいるのは、母と伯父のみであるから無理だ」といった。子の蛇は恨んで、ものもいわず、別れのときに、怒って、伯父を殺して天に昇ろうとした。驚いた母がかめを子に投げつけたので、子は天に昇ることができなかった。それで、この峯に留まったのである。その子孫は、社を立てて祭礼をし、現在にいたるまで続いている。

これは異類婚姻譚の一種だが、生まれて来た蛇を見て神であろうと考えて祀るということは、蛇を神と考える日常が背景にあったからであろうと思われる。

『源平盛衰記』の「緒方三郎平家ヲ攻メル事」にも同様の話が載っている。

昔、日向国の塩田という所の大太夫という有徳の人に一人の娘いた。名を花ノ御本《はなのおもと》といった。その娘のところに、立烏帽子に水色の狩衣を着た男が訪ねて来た。さまざまの物語をして、細々と口説いたので、花ノ御本は最後には靡いた。母は、このことを聞いて、その男のことを知りたく思い、娘に、男が明け方に帰るときに針に苧玉巻《おだまき》の糸を通して、男の狩衣の頸のところに刺すようにと教えた。親は糸を尋ていった。糸は、日向と豊後の境にある姥ヶ岳の大きな窟《いわや》の中に入っていた。穴の中には、大蛇がいて苦しんでいた。娘が針を抜くと、大蛇は喜んで「お前のお腹の中の子を大切にすれば、子々孫々まで守ろう」といった。月が満ちて、花ノ御本は男子を産んだ。その子孫が尾形三郎惟義である。

蛇の子孫、すなわち神の子孫は永遠に繁栄するのである。

『日本霊異記』の上巻に、元興寺の道場法師の生い立ちの物語がある。

尾張国の阿育知郡《あゆちのこおり》の農夫が、雨が降り出したので木の下に隠れていると、目の前に雷が落ちて来た。子どもの姿である。鉄の杖で突こうとすると、雷は助けてくれれば、お礼に子どもを授けるという。やがて生まれて来た子供は頭に蛇を巻きつけていた。その子は、たいへんな力持ちだった。その後、農夫の子は、元興

富士講の蛇（東京都文京区富士神社）

寺の童子になり、鬼退治や寺の水田経営などの功績を認められて、道場法師と呼ばれるようになった。

雷は「神鳴り」から生まれた言葉であるから、この子が異常な力を発揮するという展開は当然であり、また、それが稲作農業と結びついていくのも、雷と水との関係を考えれば必然の結果であった。蛇を恐れる人の心は、蛇に秘められた神性を畏怖してのものであった。そして、蛇は稲作農耕社会に豊かさをもたらすものとして信仰されて来たのである。

午・馬

十二支の第七番目は「午」である。動物としては、馬が当てられている。

馬は哺乳綱奇蹄目ウマ科ウマ属に属する草食動物で、家畜として親しまれ、広く世界中に分布しているのは周知のことである。

ウマ科には馬のほかに驢馬（ロバ）と縞馬がいる。

馬の体形は四肢が長く、頸も長いのが特徴である。肢が長いのは歩幅が大きいこと、頸が長いのは重心を前に移動させやすいことを示している。いずれも速く走ることに適した体形だといえる。また、馬は走るとき、背中を曲げないで走る。犬や猫などのように背中を丸くして走らないのである。これは人間が乗って走るのにたいへん都合のよい体形だということができる。背を丸めないで速く走ることのできる馬は、騎乗に適した動物なのである。

馬は警戒心の強い動物である。恐怖心が強いといってもよい。その反面、おとなしく素直でもある。愛情を持って扱えば、その人を信頼し、人間の命令によく従う。馴染みやすく、飼育しやすい動物なのである。

かつて、モンゴルなどでは、草原に棲む野生馬や半野生馬を捕らえて調教し、乗馬として、または役用馬として使用したということである。

日本の馬はどこから

馬の家畜化は、牛や羊よりも遅れて、紀元前四〇〇〇年頃、黒海沿岸のステップ地帯でアーリア系の民族によってなされたのだといわれているが、異論もある。まだ定説はないのだが、いずれの意見も、馬の家畜化は新石器時代になってからであるという点では一致している。家畜化は食用や皮革の利用を契機としてなされたという説もあるが、食用というよりは車やソリを牽引させる目的から家畜化が進行したという考えの方が支持されている。

家畜化された当初の馬は、体高一・三五メートル程度の小さいものであったが、耐久力と牽引力には優れており、人は早くからその力に着目して、運搬や牽引に利用したと考えられている。

馬力という言葉がある。馬力があるといえば、体力がある、力があるということだが、本来は、馬一頭の力(牽引力)を意味する言葉であった。ちなみに、一馬力は一秒あたり七五キログラムの物を一メートル動

八幡馬(青森県八戸市、櫛引八幡宮の例大祭で売られる)

かす力を表している。

馬を牽引用の家畜として運搬や輸送に利用することは比較的早くから行なわれていたようである。古代オリエントでは紀元前二〇〇〇年期の前半には、馬に牽引させる戦車があったし、中国でも殷代（紀元前一五〇〇年頃）には馬戦車が用いられていたといわれている。

中国では四頭立ての戦車を「駟《し》」と書く。その音の「シ」が「士」に通ずることから、「士」が支配層を表す語となっていったといわれている。馬戦車が戦力として大きな力を発揮していたことを示しているといえるだろう。強力な戦力を保持している者が支配者層を形成していったのである。

三春駒（福島県郡山市高柴、昔は高柴木馬といわれた）

戦いの場で戦車以上に大きな力を発揮したのは騎馬である。いつ頃から馬を乗用として利用するようになったのか正確にはわからないのだが、古代オリエント世界では戦車よりも後だと考えられている。騎兵は、まさにそのスピードと機動力において戦車に数段まさる威力を発揮したのである。騎兵を中心とした軍事力がどれほど優れたものであったかは、チンギス・ハーンに率いられたモンゴル騎馬軍団が広大なユーラシア大陸のほぼ全域を征服し、大帝国を成立させたことを想起するだけで十分であろう。

日本の古代王朝の成立にも騎馬民族が大きな関わりを持っていたことはよく知られているところである。江上波夫氏によって唱えられた騎馬民族征服説には異論も多いが、新鮮な驚きを持って迎えられ、学会に大きな影響を与えたのもまた事実である。

平安時代末、関東を中心とする東国武士団が、京都に拠点を置く西国支配層に対して武力的に優位となり、武家政権を確立していくのだが、その過程には、馬産に適した東国の立地条件が大きな意味を持っていたであろうことは想像に難くないところである。古代からの馬牧は関東、信濃、東北地方に集中していたのである。

磐梯熱海の張り子馬（福島県）

日本の馬は、縄文時代に大陸から渡来した形跡はあるが、弥生時代の遺跡にその痕跡が見られることはほとんどない。しかし、古墳時代後期になると、馬具や馬の埴輪などの出土が多くなる。おそらくこの時期に貴人騎馬の風が広まったと考えられる。古代には各地方、とくに東日本に牧をおき軍馬、騎乗馬、荷物を運ぶための馬などを貢納させた。この馬の多くは軍事用であった。

この馬が東国から京都の朝廷に進献される八月には、駒牽の儀が行なわれた。このことは詩歌などに多く詠まれており有名である。

東国地方で直接に牧の経営に当たり、住民の統率に当たっていた人びとが、後の関東武士団を形成していくのである。その頂点に立ったのが源氏であった。

日本の馬は南方馬の系統に属するもので、小型で気が荒く、北方アジアの騎馬民族が用いた北方アジア系の大型馬に比べると能力としては劣るものであったと考えられている。この南方馬の系統が、日本在来馬として知られる木曽地方の木曽馬や九州宝島で近代まで飼育されていたトカラ馬などである。

日本の馬の利用は、古くから軍事用や移動用、ならびに通信用や荷物運搬用の家畜として重視され、車両の牽引や犂を引かせて田畑を耕すことは少なかった。近世まで、その利用の第一の目的は軍隊の移動ならびに貴人の騎乗用であり、優良馬はほとんどその目的で飼育されていたのである。近代以後の軍政もこれを踏襲した。これに次ぐのが、公用の通信・連絡のためのものであった。

絵馬の始まり

馬を飼育している人びとの間では馬頭観世音が広く信仰されている。

山道などで、馬が落ちたり、怪我をしたりした場所、そういった危険な場所には、馬頭観音の石塔が立てられていて、馬頭講とか観音講などの名で呼ばれる信仰集団がつくられている場合が多い。その始まりは、事故で死亡した馬に対する供養のためというのが多いのだが、それが馬頭観音そのものへの信仰へと変化していったのである。

馬頭観音は、頭上に宝冠と馬頭を頂き、身体は赤色で、憤怒の形相をしている。もちろん、さまざまに変身して人間を守ってくれる観世音菩薩である。三面二臂、三面八臂、四面八臂などのさまざまの姿をとった像が知られているが、その多くは三面八臂像である。そして、一切の魔や煩悩をうち伏せると考えられてきた。

板に描いた馬の絵を神に奉納したり、同じような板絵を神から授与され、それを家内安全の拠り所としたりする風習は古くからあった。浜松市の伊場遺跡から奈良時代の板絵の馬が発掘されているし、奈良の興福寺でも獅子の絵を描いた板絵が発見されている。

このような、板に描かれた絵を大切に思う心は、現在でも各地で見られ、私たちの心の中に今も脈々と生きている。正月に、近隣の社寺から、その年の干支の絵が描かれた絵馬をいただいて来た経験を持っている人は多いに違いない。それは、参拝記念のアクセサリーではないだろう。

埼玉県東松山市にある妙安寺境内に馬頭観世音が祀られている。この馬頭観世音は、通称を上岡《かみおか》観音といい、馬そのものや馬のお産を守る神として、関東地方を中心に広く信仰されている。

毎年二月一九日が祭日で、この日には、馬を牽いて参詣する人が多く、良馬の産出や馬の安全を祈願して、お祓いを受ける馬が早朝から列をなしたものだという。農家で馬を飼うことがほとんどなくなった昨今では、生きた馬を境内まで牽いて来る人こそ少なくなったが、競馬関係の人など、人出はたいへんに多く、また、盛大な農具市が開催されることもあって、賑やかな祭日の一つとして知られている。大きな竹籠や欅の餅搗き臼など、今ではどこで求めたらよいかわからなくなってしまった農具や植木、苗木などが販売されている。

この日、境内では絵馬市が立ち、絵馬が売られる。菊花模様の飾り鞍をつけた馬を描いた、大中小の三種の絵馬が主であるが、中でもツナと呼ばれる、七頭つなぎの飾り馬に松を配して、遠くに富士山と日の出を描いた、彩りの華やかな絵馬が昔から知られている。圧倒的に馬の絵馬が多いのだが、その他に、牛の絵馬もあり、また、近年では、耕運機などの農機具が描かれたものもある。

上岡観音の絵馬（埼玉県東松山市）

　参詣者はこの絵馬を求めて帰り、厩の入り口などに掲げて、牛馬の守りとするのである。そこに一年間掲げておき、翌年の縁日には古い絵馬は取り外して観音堂に納め、新しい絵馬に替えるのが通例となっている。

　一般に、絵馬は、人びとがさまざまな思いを込めて、神仏に祈り、願うとき、あるいは祈願が成就したとき、奉納するものだとされているのだが、上岡観音の絵馬は奉納するものではない。お守りとして厩などに祀るものである。その点で、いわゆる奉納絵馬とは性格を異にする。しかし、これもまた絵馬と呼ばれているのである。

飾り馬の絵馬は、観音絵馬講の人たちによって描かれ、売られている。人びとは、これを単なる板に描かれた馬の絵と見ているのではないようである。だからこそ厩などに祀って不思議としないのである。

絵馬は市で売られる前に、馬頭観世音に供えられ、御祈禱を受けているのだから、単なる馬の絵でないことはいうまでもないのだが、絵馬を求める人のすべてがそのことを知って求めているわけではない。これを求める人にとっては、祈禱を受け、神の力がそこに込められているか否かということは、それほど重要なことではないのである。

むしろ、それ以上に重要なのは、この絵馬が観音の縁日に、その境内で売られている馬の絵であり、自分の飼っている馬の安全を祈願し、求めたものであるということである。

観音の縁日は、馬頭観世音の降臨したまう聖なる時であり、その境内は、神の降臨する聖なる場なのである。その聖なる時、聖なる場で、祈願を込め、求めてきた馬の絵は、上岡観音から授与される御札や神像と同様に、観世音菩薩の分霊であり、その依代と考えられているのである。

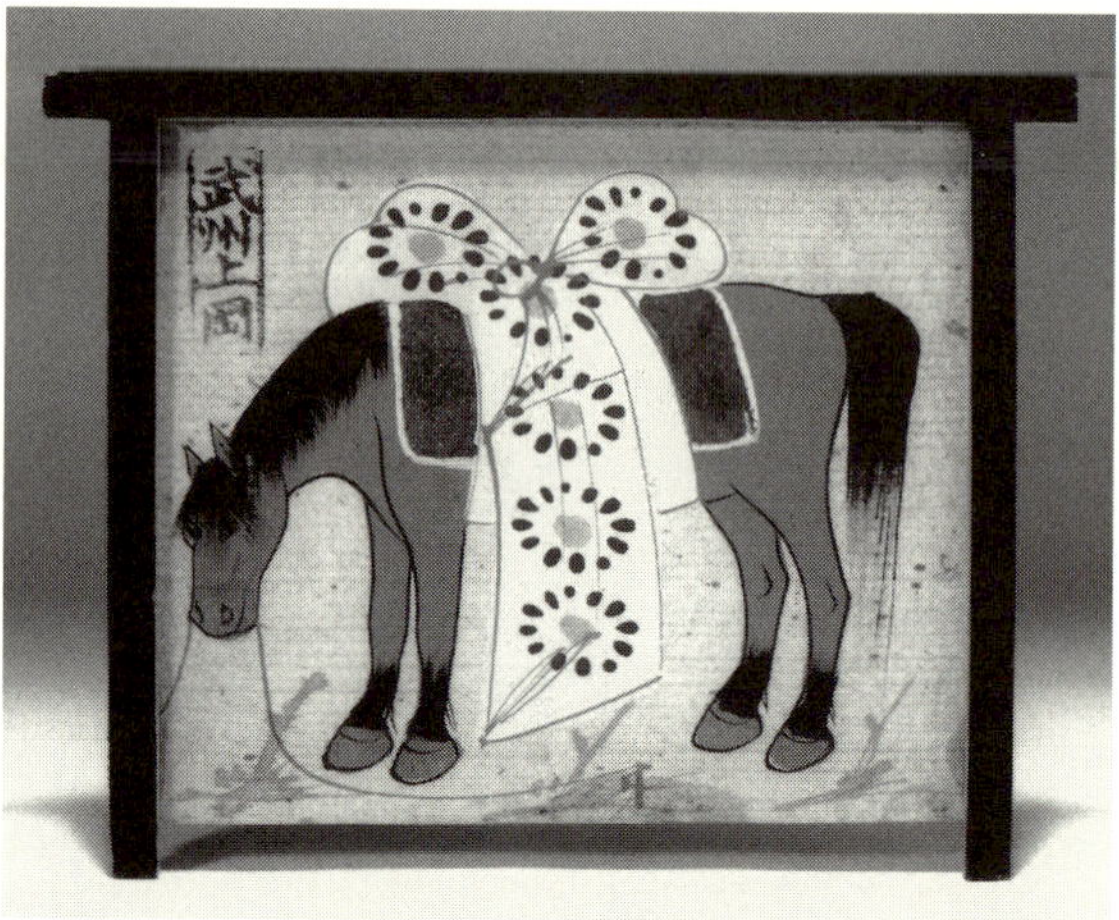

上岡観音の絵馬（埼玉県東松山市）

そして人びとは、ここに描かれた馬の絵に神の加護を受けて生育するに違いない、自分の飼い馬の理想の姿を見ている。だからこそ、厩などに祀り、大切な馬の守護神とすることができるのである。

ところで、観世音菩薩の分霊というのであれば、馬の絵ではなく、馬頭観音の御姿そのものの方がよりよいということになるであろう。

狂言に「牛馬」という作品がある。そこで主人公の馬博労は次のように語っている。

それ、馬は馬頭観音の化身として、仏の説きし法《のり》の舟、月氏国より漢土まで、馬こそ負うて渡るなり。仏の前には絵馬を掛け、神には立つる幣の駒、駒北風に嘶《いば》ふれば、悪魔はくわっと退きて、めでたきことを競馬《きそひうま》、又本歌にも、逢坂の関の清水に影見えて、今や牽くらむ望月の駒。

馬は馬頭観音の化身であり、仏が説かれた法、すなわち仏法を人間の元へ運んでくる存在だったのである。このように考えられていたからこそ、馬の絵でなければならなかったのである。

神霊の乗り物としての馬

馬は神聖な動物だと古くから考えられていた。神社に馬を奉納する習俗は古くからあった。現在でも、伊勢神宮など、神馬を飼育している神社は少なくないし、また、木彫の馬などが神馬舎や拝殿などに納められている神社も多い。絵馬が奉納されている社寺や小祠にいたっては枚挙にいとまがないほどである。

ところで、絵馬について元禄（一六八八～一七〇三年）の頃に著された『神道名目類聚抄』には神馬ヲ率イテ奉ル事及バザル者、木ニテ馬ヲ造リ献ズ。造リ馬モ及バザル者、馬ヲ畫キテ奉ルナリ。今世俗、馬ニアラデ、種々ノ絵ヲ図シテ献上スル事ニナリヌ

と記している。生きた馬を奉納するのが本来であるが、生き馬を奉納することのできない人が、その代用として木で造った馬形を奉納し、造り馬も奉納できない者が馬の絵を奉納するようになり、さらに、馬の絵だけではなくさまざまな絵柄のものを奉納するようになったというのである。

造り馬や描かれた馬が、生きた馬の代用であるとは単純にはいえない。生き馬の奉納がまずあって、その代わりとして造り馬や馬の絵が誕生したのだと簡単にいうことはできないのである。飢饉がたびたび襲ってきた時代の人びとが五穀豊穣を祈っているのであり、医師などほとんどいなかった時代の人びとが病気平癒を祈願しているのである。代用品で何とかしようと考えたとはとても思えない。

馬形も馬絵も、単なる代用品ではなく、それぞれ独自の呪力、霊力を持ったものと私たちの祖先は考えていたに違いない。だからこそ、自分たちの生命に関わる重大事に関しても、馬形や馬絵を用いたのである。それで十分だったのである。

一般に絵馬と呼ばれているものの中には、馬の絵以外にさまざまな絵柄のものがある。絵馬というのは種々雑多な祈願の目的で描かれ、社寺や小祠に奉納される板絵の総称である。

中国雲南省大理地方にチーマ（紙馬）または甲馬紙と呼ばれる木版画がある。中国の木版画では正月に室内に飾る年画や門に貼る門画が有名であるが、紙馬は年画や門画に比べるとはるかに小型で、幅六五ミリ長さ九五ミリあるいは幅一二五ミリ長さ一九〇ミリ程度の大きさの紙に刷った一色刷りのものである。その種

中国雲南省大理地方の絵馬 結婚式のときに使われる村王喜神（左）と床公床母（右）

類は、かまど神、山神、土主、門神、橋神、草木神など多様なもので、また、絵柄もさまざまであるが、多くは各地の民間で信仰されている神々や鬼神などの像であって、馬が描かれているものは少ない。用い方もさまざまである。

たとえば、喜神と床公床母の紙馬は結婚式の際に用いられるもので、結婚式のときに喜神紙を篩《ふるい》の中央に貼り、花一輪、米一升、砂糖ひと塊り、松明一本を入れて門の側に置く。そして、新郎新婦が門を通るとき、この喜神の前に跪いて、額を地にすりつけて祈るのである。式が終わって二人が寝室に入り、床についたとき、床公床母の紙馬が二人の前で燃やされる。これは夫婦睦まじく、子宝、財産に恵まれるようにとの祈願であるといわれている。

また、日本の旧暦にあたる農暦の正月二日と一六日に、人びとは酒、煙草、茶、肉、もち米を準備し、五本の香を焚いて、山神廟にいき、山神に献上するのだが、そのとき「山神は黙々として、人には病もなく、家にも災難がない。空手で門を出て、財が競って門に入ってくる」と唱えながら山神や土地神の紙馬を燃すのだという。日本の絵馬の場合は、その場で燃すことはないのだが、中国の紙馬は祈願をこめて燃すことが多い。

紙馬について、『大漢和辞典』は

神鬼を祀るにもちいる、五色の紙に神像を畫いて神前に焚く紙。神霊がこれに憑依すること馬に似るからという。一説に、古、神を紙に畫けば、必ず馬をその上に併せ畫いて神の乗用としたからという。古は祭祀には牲幣を用ひ、秦の俗は馬を用ひ、淫祀浸繁するに及び、偶馬を用ひた。唐に至り、王輿が始めて紙を用ひて幣としたのを、俗に甲馬という

と解説している。後半の説明は生き馬から造馬、そして紙馬という展開で、先の『神道名目類聚抄』と似た説明で、一見合理的なのだが、納得できるというわけではない。前半の神霊がこれに憑依する様子が馬と似ているからという説は、乗り物としての馬をその上に併せ描いたという説とあわせて、たいへん面白い。日本の絵馬を考える上で興味深い。

わが国でも古くから馬は、神霊の乗り物だと考えられていた。神幸行列で、飾り鞍に御幣をつけた神馬が先頭を行くという祭は今も少なくない。

岩手県では、妊娠した妻女の陣痛が始まると、夫が厩から馬をつれ出して山へ追っていき、山道で馬が立ち止まったり、あるいは身震いしていないないたりすると、山神様が乗られたといって、そこから家に引き返した。そして、その馬が家の門を入るとすぐに子供が産まれると伝えられていた。山の神はお産の神、安産の神と考えられていたのである。

鹿児島県の甑島では正月の神であるトシドンが訪れる。トシドンは、村の老人や青年が草の茎で目つっぱりをしたり、シュロの皮を被ったりして変装し、身体には古い蓑やシュロの葉などをまとって、鉦をカンカン叩きながらやってきて、家の入り口までくると、ダダダッダッと馬が止まるような足音をたて、それから家に入る。戸口で「トシ、トシ子供は何人か」と声をかけて上がり、木箱や袋の中から大きな年餅を出して子供たちに与え、よい子になるようになどと教えてから帰っていくのだという。入り口で馬の足音をたてるのは、トシドンは首切れ馬に乗ってくると信じられているからだという。馬に乗って訪れる歳神から年餅を貰うことで子供たちは、年を取ることができるのである。年餅は年玉である。新しい年の魂を馬に乗ってやってきた神から貰うのである。

正月を祝う芸能春駒

甑島の首切れ馬は、歳神を乗せて各家をまわり、年玉を授けていくということである。

この首切れ馬が、首を切られて胴体だけになった馬のことなのか、頭部だけで胴体のない馬のことなのか、この言葉だけからでは明確ではない。しかし、首切れ馬として伝えられている話では、胴体も脚もない頭部だけの馬と考えられている場合が多く、甑島の場合もそのようである。

正月に各家を訪れて年玉を授けてまわる馬というと、春駒が思い浮かぶ。

正月には、獅子舞や万歳、鳥追い、恵比寿廻し、猿廻しなどさまざまの芸能が家々を訪れて、家を清め、祝言を唱えて歩いたものであった。一軒ごとに丁寧に訪れて歩くので、門付けといった。また、新しい年がよい年であるようにと祝う芸能であるところから、このような芸能のことを、民俗学では予祝芸能といっている。

春駒も、新年にまわって来る予祝芸能の一つで、木や紙で作った馬の首形を頭に戴いたり、あるいは、あたかも馬に乗ったかのように腰のあたりに括りつけて、家々の門に立って、祝言を述べてまわったものであった。

岩手県の水沢地方では、かつては旧暦の正月一五日の夜に、村の若い衆が、駒の首に手綱をつけ、鈴の音に合わせて、口取りの者が馬方節などを唄いながら町屋をまわり、祝儀を貰ってまわったものだということである。また、山梨県の塩山市一ノ瀬高橋では、小正月に行なわれる道祖神祭のときに、若い衆が春駒に跨って家々を祝ってまわっていた。

岩手の水沢や山梨の一ノ瀬高橋では村の若い衆が春駒を演じていたのだが、江戸などでは、獅子舞や万歳と同様に、門付け芸人がまわってきたものであるという。

春駒（『洛中洛外図屏風』〈1565年頃〉より）

元禄一〇（一六九七）年の『年中故事要言』に

年ノ始メニ馬ヲ作ッテ頭ニ戴キ、歌ヒ舞フ者アリ、是ヲ春駒ト名ヅケテ、都鄙《とひ》トモニ有ル事ナリ

とあり、また文化三（一八〇六）年の『年中行事大成』には

正月中物もらひの輩、春駒とて、十二三歳許りの女子の眉目《みめ》よきものを、衣服髪容《かみかたち》などうつくしく出立せ、手に木偶の馬の頭を持ち、風流の舞をなす、これが唱歌は目出度き諺を詠物《えいぶつ》となし、三味線胡弓太鼓などに合せ声面白く歌ひ拍し、門々に至り米銭を乞ふ

とあって、その一端を知ることができる。

正月の予祝芸能としての春駒は、かつては全国にわたって広く見られたものであるが、現在では、新潟県の佐渡と沖縄で芸能として演じられている程度になってしまった。

初馬（富山県東礪波郡利賀村）

佐渡の春駒は、駒形を腰につけ、腰に幣束と笊を下げ、ヒョットコ面をつけた男衆が家々をまわって、

メデタヤメデタヤ、春の初めの春駒なんどは、
夢に見てさえ、よいとは申す。

などと囃しながら、主人や家族の長寿、幸運を祈る祝言を述べていくものである。

沖縄では、那覇市の二十日正月のズリ馬の行列が春駒の面影を伝えているといわれている。ズリ馬は豊年と商売繁盛を祈願してのもので、行列は「祈豊年」と書いた旗や五色の吹き流しを先頭に、獅子、弥勒菩薩、ウマガア、紺地

衣裳の舞女などが練り歩くもので、町内の各所で踊を披露する。ウマガアは、紅型の打掛けに前帯姿の女性が、木製の馬形を帯にはさみ、

京の小太郎がつくたんばい、万歳こうすや馬舞さ……

といった歌につれて舞うものである。

なお、青森県八戸地方のエンブリ、岩手県各地で見られる南部駒踊なども春駒と関係のある芸能だと考えられている。

首切れ馬の伝説

トシドンが乗ってくる首切れ馬や春駒は、新しい年の初めを祝福するものであったが、各地に伝えられている首切れ馬の話には、怪しい話も少なくない。

徳島県の首切れ馬は、ヤギョウサンを乗せて徘徊するという。ヤギョウサンは、三好郡山城谷村（現山城町）などでは節分の晩にやってくる髭の生えた一つ目の鬼だといっているが、多くは正体のわからない妖怪で、ヤギョウビの夜に首切れ馬に乗って徘徊するのだと伝えられている。ヤギョウビは百鬼夜行日であろうといわれている。百鬼夜行日は一月の子の日、二月の午の日など、月によって決まっている。しかし、民俗学者の後藤捷一氏は、ヤギョウサンが首切れ馬に乗って出るのはヤギョウビだけではなく、毎月の晦日、大晦日、節分、庚申《こうしん》さんの夜にも出るし、地方によっては雨の降る陰気な夜などにも出る。そして、この首切

れ馬が出る場所は決まっていると述べている。馬が非業の死を遂げた場所であり、その馬の怨念《おんねん》が残っていて祟るのだと考えられて、碑や祠などを建てて祀ってからは出なくなったといわれているところが多い。また、首切れ馬やその馬に乗ったヤギョウサンに出会うと、投げ飛ばされたり、蹴殺されたりするので、出会ったときには、草鞋を頭に載せ、道端に伏せているとよいなどといった。

馬を家畜として使役していても、人間には馬は神聖な動物であるという感覚はあって、その馬が斃れたところには馬頭観音の碑を建てて供養するといったことは各地に見られたのである。妖怪としての首切れ馬もまた、同様の感覚から出てくるものであろうと思われる。

馬は、神の乗り物であり、ときによっては神ともなる神聖なものであっただけに、強い呪力を持つと考えられていた。古くからの馬産地であった岩手県の遠野地方などでは、飼育している馬が死んだ場合には、その馬の首を切り取って、家の門口に立てた杭に架けておいたものであるという。

『遠野物語』の話者として知られる佐々木喜善さんの生家にも、昭和初年までは三頭分の馬の頭蓋骨があり、魔除けといわれていたということである。

馬と猿・馬と河童

中世の絵巻物に描かれている貴族あるいは豪族の屋敷を見ると、そこに設けられている厩には例外なく床が張られている。牛は土間で飼育されているのだが、馬は床の上で飼われているのである。そして、その一隅にはつながれた猿が描かれている場合が多い。馬と猿は深い関係があった。

後白川法皇が撰したと伝えられている『梁塵秘抄《りょうじんひしょう》』に、次のような今様歌が集録されている。今様歌というのは、平安中期から流行した新様式の歌であり、『梁塵秘抄』はいわゆる流行歌集なのである。

御厩の隅なる飼猿は
絆離れてさぞ遊ぶ
木に登り
常磐の山なる楢柴は
風の吹くにぞ
ちうとろ揺ぎて裏返る　（巻二―三五三）

流行歌である今様に唄われるということからみても猿を厩につなぐという風習は、この時代には一般的であったといってよいだろう。

その理由は明確にはわからないのだが、柳田國男の『山島民譚集《さんとうみんたんしゅう》』には、馬は元来猿の飼うべきもので、人間が馬を飼うようになった時分に、馬の牽き方がわからずに困っていると、猿がホイホイといって、馬を山の中から牽き出した。その真似をしてみると馬がうまく牽けた、それで厩は申の方に向けて建て、百姓は決して猿は殺さぬのだとある。また、馬も猿にはよく従うのであって、放し飼いの馬に猿の乗って馬の耳を握っているのを見た者は少なくない、という肥後の阿蘇地方からの報告も紹介している。この伝承の当否は別にしても、猿が馬の守護神的な性格を持ったものであったらしいことは、厩に猿の頭蓋骨や駒牽猿の絵馬をかけるという風は後々まで見られたところであるし、また、猿廻しの目的の第一が、本来は厩安全の祈禱であったということなどからも察せられる。
また、駒牽猿とどのような関連があるのか明確ではないが、河童と駒との関わりを説いた河童駒牽伝説も各地に伝えられている。
河童は、水界に棲む妖怪だと考えられている。『物類称呼』によると、

川童　がはたらう、畿内及九州にてがはたらう、又、川のとの、又、かはつぱとよぶ。周防及び石見又四国にてえんこうといふ。土佐の土民は、がたらう、又、かだらう、又、えんこうともいふ。其の手の肱よく左右に通りぬけて滑なり。猿猴に似たるが故に、河太郎もえんこうといふ。東国にかっぱといふ、越中にてがはらといふ、伊勢の白子にてかはら小僧といふ。

其のかたち四五歳ばかりのわらはのごとく、かしらの毛赤うして、頂に凹なるさら有り、水をたくはふるときは、力はなはだ強し、性、相撲を好み、人をして水中に引入れんとす。其のわざはひを避るには、猿を飼にしかずとなん。

とあることでもわかるように、広く全国の河川湖沼に棲んでおり、恐れられていた。人を水中に引き込んで尻子玉を抜いて水死させるなどという話

「河童駒牽図」紙絵馬（静岡県水窪町西浦、西浦田楽のとき舞処に下げる）

は広く知られているところであるが、また馬に取りついて、引きずりこもうとして失敗し、腕を切り落とされ、その腕を返してもらう代わりに秘伝の傷薬や骨接ぎの妙薬を教えたという類の話が多い。山梨県北巨摩郡下條村（現甲府市）に伝えられている話は、次のようなものである。

昔、下條村に下條の切疵薬として知られた妙薬があったが、これは釜無川の河童から伝えられたものである。

ある年の冬、馬に薪をつけて、甲府の町に売りにいった帰りに、川原にさしかかると馬が動かなくなった。怪しいことと思い振り返ってみると、一二、三歳の男の子が馬の尻尾に縋りついていて、いくら叱っても手を放さない。あまりのことに腹をたて、腰の刀を抜いて切り払う真似をしたらようやく逃げた。家に帰って馬を洗うときに、尻尾の根元に猿の手のような物がぶら下がっているのに気づき、不思議に思いながらもしまっておいた。その夜、先の河童がやってきて、

旦那旦那、私は河童であります、どうぞ　あの手を返してくだされと、悲しげな声で呼びかけたという。切り落とされて萎びた手であっても、元のように継ぐことができるというのである。河童は、主人の駆け引きに負けて妙薬の製法伝授と引替に手を返してもらって帰った。

この類の話は各地に伝えられている。その多くは、馬を引き込もうとして失敗し、詫びを入れて手を返してもらう代わりに秘薬の製法を教えたり、膳椀を貸し与えたりするということになっている。河童は、悪戯者の小妖怪とも考えられるのだが、秘薬の製法を教えてくれるといった点から考えると、本来は人間を超えた存在、すなわち、神であったということができるであろう。

ところで、名馬は水辺から出現するという伝承が古くからある。一方、名馬が水の中に入ったという話も多い。

河童が馬に関わってくるという話の源に、そのどちらも水の中の世界の存在だという認識があったのかもしれない。『平家物語』宇治川先陣で有名なイケヅキは、日本の代表的な名馬とされているが、そのイケヅキは生食あるいは池月といった文字が当てられているのである。その由来はともかく、池月という文字を当てることが可能であった背景には、名馬と水との深い関係があったと思われる。

水中から産まれてきたり、水中へ没したりする馬は、水の神の使いだったのではないだろうか。七月の盆行事に、水辺に茄子で作った馬を置くのも、馬が水の中の世界、すなわち異次元世界へ通じる力を持っていると考えられていたからに他ならない。

七夕馬（埼玉県北埼玉郡大利根町、マコモで七夕につくる）

未・羊

十二支の第八番目は未である。動物は羊が当てられている。羊は、日本では緬羊《めんよう》と呼ばれることが多い。山羊と近縁の草食動物で、家畜としての歴史は山羊とならんで非常に古く、紀元前一万年頃にはすでに家畜化されていたと考えられている。その原産地には諸説あるが、中央アジアの高原地帯、アフガニスタンあたりであろうといわれている。

羊は、きわめて臆病でおとなしい。また、群れて生活をする動物であることが家畜化を可能にした理由の一つと考えられている。餌の幅が広く、消化力が強いことから粗飼料に耐えるということも飼育に適した条件の一つである。その飼育形態は放牧で、かつては遊牧が多かった。遊牧は次第に減少してきたが、モンゴルでは現在もまだ行なわれている。広大な原野で数百頭の羊が群れをなして草を食み、移動してゆく様子は壮観である。

羊は肉を食用に、乳を飲用や乳製品として利用するが、毛の利用が中心である。山羊の毛はしなやかさに欠ける上に、毎年一回の毛換わりのために長く伸びないのに比して、羊の毛はしなやかで毛換わりしないことから長いものが取れるのである。繊維として優れており、織物や絨毯として古くから利用されてきた。羊は繊維採取を主目的とする唯一の家畜である。

中央アジアの高原で家畜化された羊は、有用な家畜として、ユーラシア各地、オーストラリア、ニュージーランド、南北アメリカ、南アフリカなど世界各地で放牧飼育されてきた。しかし、日本での飼育は小規模なものに止まり、定着したとはいい難い状態である。

羊の渡来

日本でも羊は早くから知られていた。推古天皇七（五九九）年の秋に、百済国から「駱駝《らくだ》一疋、驢《うさぎうま》一疋、羊二頭、白雉《しろきぎす》一隻」が送られてきたと『日本書紀』にあるのが最初で、弘仁一一（八二〇）年には新羅から、承平五（九三五）年には中国の呉越州から羊がもたらされている。これらの羊は珍獣としてもてはやされたようである。一七世紀末、将軍綱吉の時代に南蛮船によって食用としての羊が渡来したといわれているが、普及するまでにはいたらなかった。

日本で羊の飼育が行なわれるようになるのは、明治になってからのことである。生活全体の西欧化に伴って、羊毛の消費が急激に増加したことから国内自給が国策として奨励されたのである。羊の飼育が各地で試みられたのだが、高温多湿な気候条件などによって容易には成功しなかった。それが可能になったのは、気候的にも適していた北海道月寒《つきさむ》（現札幌市）の種羊場で、明治四一年に試験飼育が成功してからである。その成功を受けて北海道を中心に羊が飼育されるようになるのは大正時代以降のことである。「羊群声なく牧舎に帰り……」と北海道大学の寮歌に歌われたのは月寒種羊場でのことであるが、こうした牧歌的な牧羊風景は各地で見られたわけではない。日本での飼育は、広々とした牧場に放牧するのではなく、小規模な舎飼が主になっており、農家の副業として飼われるものが多かった。

ところで「緬羊」という言葉は日本でつくられたものだという。幕末の開港後、外国船によってしばしばもたらされるようになった羊を、当時西洋人が着ていた羅紗に因んでラシャメン（羅紗棉）と呼んでいたという。文明開化の時代、羊毛で織られた羅紗は高級品であり、庶民の衣料である綿（木綿）と混同されるのは高級品としてのイメージを損なうというので、縮緬《ちりめん》に因んで緬羊という名称を考えたのだという。縮緬は絹織物で、当時は高級品としてたくさん輸出されていたものである。羊毛は縮んで波打っていることから、縮緬をイメージしたものであろう。

現在につながる羊、つまり緬羊

魯西亜人飼羅紗羊の図
（五雲亭貞秀画 「生写異国人物」1860年）

は西洋伝来であるが、『日本書紀』などに散見される羊は中国や朝鮮半島からもたらされたものであった。中国では古くから羊は大切な家畜であった。そのことは羊に関連した漢字を見ればよくわかる。「羊」という字は、殷代の甲骨文字に源を持つ象形文字で、後にアルファベットに発展する西アジアの楔形文字の羊ともよく似ている。その理由は不分明であるが、中国だけではなく、ユーラシア大陸の牧畜文化の中で羊が古くから重要な位置を占める家畜であったということはいえるであろう。

神への捧げものとしての聖獣

諸橋轍次は『説文』に「羊は祥なり」とあるのを引いて、「ひつじは性温順にしてよく群がる故に、又、よい（祥）の意に用ひる」と解説している。中国では神を祀る際に犠牲《いけにえ》を捧げるのが古くからの習いとなっていたのだが、天子が社稷《しゃしょく》（土地の神と五穀の神を祀ること）を祀るときの供物で最高の贄《にえ》は牛、羊、豚の三種であり、これを大牢《たいろう》（太牢とも）といった。羊と豚だけの場合が小牢である。これらからも明らかなように、羊は牛とならんで重要な供物であり、また神に捧げることのできる神聖な存在と考えられていたのである。「犠牲」という文字には「羊」と「牛」が含まれている。諸橋轍次の『大漢和辞典』には偏や旁《つくり》に羊が使われている漢字が一八八字あげられている。大きい羊は美しいもの、美味いものであり、群れは君の羊、王の羊から転じて、たくさんの羊が和して

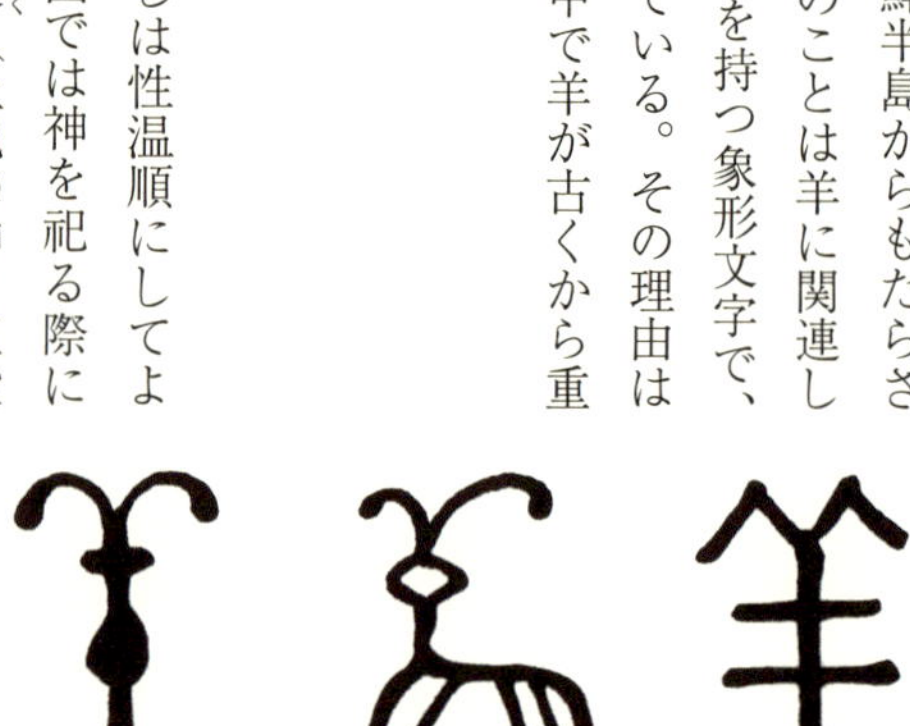

羊の象形文字

集まっている状態を示す意となり、さらに、多く集まる意へと転じたのである。

古代以来、羊は、高温多湿で狭隘な日本に定着しなかったが、仏典や漢籍を通じてもたらされた羊に関する情報は、諺などとして伝承されてきている。『万葉集』には見られないが、『源氏物語』浮舟の巻には「川の方をみやりつつ、ひつじの歩みよりも程なき心地す」などとある。これは「羊の屠所《としょ》に赴く如し」などが知識としてあってのことである。

しかし、それらは知識としては意識されても、現実の生活と深く関わるものとはならなかった。昔話などにも、「十二支ばなし」といった十二支の起源について語る場合には出てくるが、単に並べられるだけである。

もちろん、このようなものは、民間の信仰生活と深く関わる存在とはなり得なかったのである。

申・猿

十二支の九番目は申（シン）である。動物では猿が当てられている。

猿は、人とともに哺乳綱霊長目で、人に最も近い動物である。日本語でサル（猿）という場合は、古くはニホンザルだけを指していたのだが、現在では霊長類のうちヒト以外の原猿類、真猿類のすべてを含む総称として用いられることが多い。

猿の種類は非常に多い。

猿の主たる棲息地は熱帯の多雨林帯だとされている。しかし、ニホンザルやアカゲザルのように冷温帯に棲むものもいるし、また、ヒヒやパスタモンキーのように乾燥した草原を生活域としているものもいる。その棲息分布域は新旧両大陸、アフリカ、オーストラリア、東南アジアの島嶼部にわたり、非常に広いのだが、何故かヨーロッパではその姿を見ないという。

猿は、家畜化こそはされなかったが、さまざまの意味で古くから人と深い関わりを持ってきた、人と親しい動物である。その多くは主として樹の上を生活の場としているが、ゴリラやチンパンジーは地上で生活する割合が多いし、ニホンザルも日中の活動時間にかぎれば地上での生活時間が六〇パーセントをしめているという。

日本の猿学の端緒

猿は植物を主食とする。しかし、アリ、セミ、甲虫類などの昆虫や小動物をも食料とするといった雑食性の側面も持っている。ゴリラは植物食であるが、チンパンジーはアリやシロアリを好んで食べ、小、中型の哺乳類を捕らえて食べることもあるのはよく知られている。また、チンパンジーが獲物を捕るとき、何頭かが共同して追い詰める狩りに似た行動を取ることや、アリ塚にある種の草の茎を差し込んでアリを食いつかせて釣り上げたり、石を用いて堅い木の実を割って食べるといったことも知られている。

また、チンパンジーやボノボ（ピグミーチンパンジー）の間には食物を分けるという行為、つまり分配行動も見られるということである。

宮崎県幸島《こうじま》で一頭の猿が甘藷を海水で洗って食べはじめ、それが群れ全体に普及したという事実が猿の文化的な行動として大きな注目を集めたのは、もう三〇年も前のことになるのだが、それ以後の猿学、霊長類学の進歩は大きく、それまでに知られていなかったさまざまな事実が発見されている。猿の社会で見い出された諸現象は、猿学の範囲にとどまるものではなく、同じ霊長類の仲間としてのヒトの社会や文化、さらにはヒトとは何かという基本的なことを改めて問い直す、さまざまな問題を提示しているのである。

サルがヒトと近い動物であるというのは単に分類学の上だけのことではないのである。

ところで、日本に棲んでいる猿、いわゆるニホンザルは、オナガザル科のホンドニホンザルとその亜種であるヤクザルの二種だけである。ホンドニホンザルの棲息地は九州、四国と本州で、その北限は青森県の下北半島である。ホンドニホンザルは、ヒト以外の霊長類の中で最も北に棲息していることで知られている。ヤクザルは、鹿児島県の屋久島にだけ見られる猿で、ホンドニホンザルと比べるとやや小さく、体毛が濃くて長い。

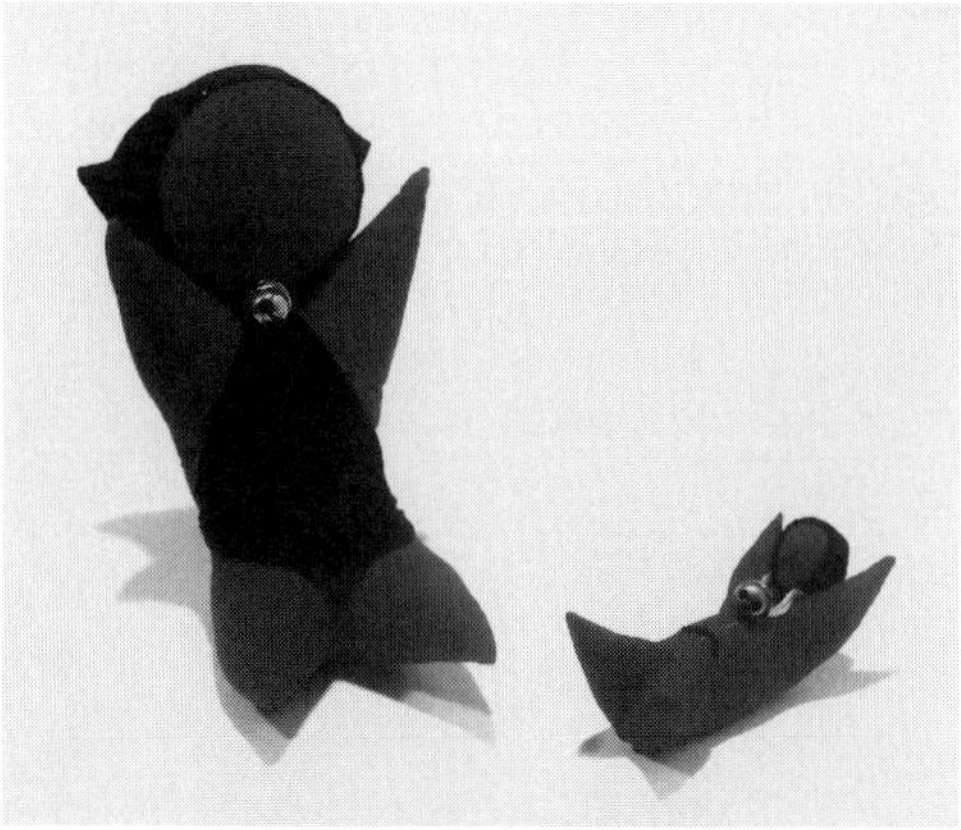

猿の玩具「サルボボ」(岐阜県高山)

ニホンザルも雑食性で、植物性食物として果実、葉、樹皮などを食べるが、他に昆虫、蜘蛛、カタツムリなどを食べ、また、海辺の猿の中には、貝、イカ、タコ、魚などを食べるものもいる。鳥の卵を好んで食べる群れもあれば、見向きもしない群れもあるというように、その食性は群れによって若干の違いがあるといわれている。

ニホンザルは、自然の状態では、十数頭から一五〇頭ぐらいの群れをつくっており、ある一定の範囲を遊動し、採食して生活しているのだが、餌付けされた群れの中には一〇〇〇頭を超える大きな群れになったものもあるという。

先に霊長類学の進歩は大きかったと書いたが、この学問の発展には日本の研究者が大きく関わり、貢献してきた。特に京都大学の今西錦司博士を中心とするグループの活躍には目覚ましいものがあった。

日本猿のフィールドワーク、野外観察から始まった彼らの研究は、アフリカのゴリラからチンパンジー、そして全世界の猿の研究へと広がっていくのだが、常に霊長類学の研究をリードしてきたのである。研究内容が優れたものであったことはもちろんであるが、その初期においてヨーロッパやアメリカの研究者の注目を集めたのは、彼らが研究の手法として用いた、餌付けと個体識別という方法の独自性であった。

餌付けというのは、猿の群れに餌を与えて慣らすことである。餌を求めて遊動している猿の群れを観察するのはたいへん困難であって、群れを発見しても、観察できるところまで近づくことすら容易ではない。そこで猿の生活域の中で観察しやすい場所に餌場を設営して、ニホンザルの好む甘藷や麦などを撒いておびき出すのである。警戒心の強い野生の猿は、人の与える餌に簡単には馴染まないが、辛抱強く続けるうちに、餌場に出てくるようになり、長い時間滞在するようになるのである。猿にすれば豊富に餌のあるよい餌場が一ヶ所増えたということであろうが、研究者にとっては、容易に、しかも詳細な観察ができる場が確保されたことになる。

日本の研究者たちは、餌付けされた猿の一頭一頭の顔や特徴を記憶し、それぞれに名前をつけていった。個体識別というのは読んで字のごとく、一頭一頭を独立の個体として認識するということである。これは日本の研究者だけが行なっている方法ではなく、群れを観察研究する方法の一つとして行なわれてきた方法であった。

ハヌマーンと孫悟空の生まれた風土

ヨーロッパなどの従来の研究者がとって来た個体識別の方法は、対象とする動物を捕らえてきて、刺青をしたり、毛を剃ってペンキなどで番号を書き込んだりするものであった。

これに対して、日本の今西グループの人たちが取った方法は、人が人を識別するのと同じように、猿を一頭一頭、それぞれ個性ある存在として認識し、それを識別しようとしたのである。そして、人と同じように、一頭一頭に名前をつけて呼んだのである。

日本でも、最初の頃は、ヨーロッパと同じように番号で呼んでいたのだが、それでは処理しきれない違和感が残るということがあって、ジュピターだの、バッカスだの、キンジだのという名前をつけるようになったのだということである。

これに対して、西洋の人たちから、猿を擬人化しすぎており、中立性、客観性に欠けるという批判があった。実際に、日本の研究者の観察記録、たとえば日本猿研究の古典として評価の高い伊谷純一郎の『高崎山のサル』（講談社文庫）などを読むと、研究対象である猿の一頭一頭が、隣人か、あるいは親しい友人のような筆致で描かれている。そこに見られる猿と人は、異なる存在ではなく、その間には断絶感はないのである。この書物は、純粋な研究論文ではなく一般の人を対象にした読み物として執筆されたものであるから、完全な客観性だの中立性だのを云々することは妥当ではない。しかし一般書であるがゆえに、伊谷さんの猿に対する認識がどのようなものであるかということが正直に出ているともいえるだろう。

それは、西洋世界、特にキリスト教世界の人びとが共通に持っていると考えられる、猿と人間の間には越えることのできない断絶があるという感覚とはまったく違う、森の隣人ともいうべき親近感なのである。そして、『高崎山のサル』を読む日本人の多くは、そうした著者の姿勢に共感を持つのである。

ヨーロッパにはヒト以外の霊長類は棲息していなかった。そのため、神話や伝説に猿は登場しないし、猿に関わる民俗もほとんど知られていない。この事実も、ヨーロッパの研究者の姿勢を規定していると思われる。

猿は、木登りが上手く、手先が器用で、群れをなして生活している。進化論の成立をまつまでもなく、猿は人間に非常によく似た存在だったのである。そして、中国の深山などに棲み、高い樹木の間を飛び回っている猿たちは、幻想的ですらある。

ヨーロッパとは異なり、インドやアフリカでは、古くから猿を聖獣視してきた。

アフリカには多くの種類の猿が棲息している。そして、エジプトではマントヒヒを聖獣視し、知恵の神トートの頭部がマントヒヒであったり、また、マントヒヒを死後ミイラにしたりしたのである。

インドでは、古代叙事詩『ラーマーヤナ』に登場するハヌマーンが有名である。

『ラーマーヤナ』に描かれているハヌマーンは、主人公のラーマ王子を助けて、羅刹王《らせつおう》ラーヴァナと戦い、ラーヴァナの本拠地であるランカー島に幽閉されていたラーマ王子の妻のシーターを救い出す猿の勇者として描かれている。姿は塔のように巨大で、肌は金色に、顔はルビーのように赤く輝いていて、無限に延びる長い尾を持ち、空中を飛び回るという。そして、ラーマ王子が羅刹王ラーヴァナを退治した後、ハヌマーンは、種々の功績によって永遠の生命を授けられた。その後、インドの人びとは、この猿の勇者ハヌマーンの偉業を讃え、ハヌマーン・ガルヒなどの寺院を建立して、彼を祀ったのである。ハヌマーンの像は、朱色に塗られ、ほとんどのヒンズーの村々に祀られている。また、彼の生誕を祝うハヌマーン・ジャヤンティ祭も盛大に行なわれている。

ハヌマーン（ラヴィ・ヴァルマ画、1904年頃）

中国では、猿というと、『水滸伝《すいこでん》』『三国志通俗演義（三国演義）』『金瓶梅《きんぺいばい》』と並んで四大奇書の一つとされている『西遊記』に登場する孫悟空が有名である。明代の白話小説『西遊記』は呉承恩の作といわれているが定かではない。私たちの知っている孫悟空の物語は、猪八戒と沙悟浄とともに三蔵法師玄奘《げんじょう》に仕え、経文を求めて天竺すなわちインドまで赴くのだが、その途中、険路に阻まれ、妖怪変化に悩まされる。しかし、それらを克服して、目的を達するという話である。この物語は、わが国では、人形浄瑠璃の『五天竺』など西遊記物の作品によって人びとに知られるようになった。

なお、猪八戒は豚とされるが、沙悟浄は毘沙門天の変化とも、前世で玄奘を喰った妖怪ともいわれる。

ところで、南宋の頃に人気があった『大唐三蔵取経詩話』は、従者も猿の猴《こう》行者一人で、物語も単純だったということである。この三蔵法師の渡天取経説話が元代から明代へかけて『西遊記』へと熟成したもののようである。その後、京劇の『西遊記』に見られるように、孫悟空が中心となって活躍するものへと展開していくのである。

孫悟空は、花果山の石から誕生した。仙術を身につけ、斉天大聖と名乗って天地を荒し回ったので、釈迦如来によって五行山に閉じこめられる。五〇〇年後に三蔵法師に助けられ、その弟子となったのである。この誕生説話自体が、孫悟空の神聖性を物語っているといえるだろう。石は、古来、神聖な存在なのである。

このような展開を見ると、中国では、三蔵法師の渡天取経も重要だが、むしろ孫悟空が妖怪変化を退治するところにこそ眼目があったといえるであろう。

それは、猿が庶民の世界の中で、妖怪を退治し、三蔵法師の渡天取経といった大事業をも助け得る力を持ったモノとして神格化されていたからに違いない。

猿廻しの故郷高州の風土

猿を見たり、猿のことを考えたりするとき、いつも念頭に浮かぶ一人の友人がいる。小林淳《あつし》という男である。彼は一九八二年三月、アフリカを旅していて消息を断った。彼が行方不明になってから、もうかなりの歳月が過ぎ去った。しかし、いつまでも忘れ得ない友人の一人である。

少し本筋から外れるかもしれないが、小林君をめぐる猿の物語を書くことを許していただきたい。それは、小林君や宮本常一先生、そのほか私の仲間たちの何人もが関わった猿廻し復活の物語である。

猿廻しは、猿曳きとも猿舞ともいう。訓練した猿を肩に乗せて、村や町を訪れ、家々の門で猿に芸をさせて何がしかの銭を貰って歩く芸能者である。彼らは、人の集まる広場や辻で芸をすることも多かった。門付け芸とか大道芸といわれるものの一つである。と同時に、祝福芸として、春駒や獅子舞などとならんで、正月に訪れ、新年を言祝いでくれる馴染みの深い芸能の一つであった。

猿や猿廻しは、馬と関係の深いもので、厩で舞わすということも多かった。そのことについてはすでに、馬の項で簡単に触れた。その猿廻しも、第二次大戦後は次第に姿を見かけることが少なくなり、昭和三〇年頃を境に絶えてしまっていた。

小林君の活躍舞台となった、山口県光市浅江字高州もその一つで、古く猿廻しの大勢いたところであった。

周防国の猿廻しの拠点の一つであった高州は、海岸線の美しい瀬戸内海の中でも、ひときわ美しい松原

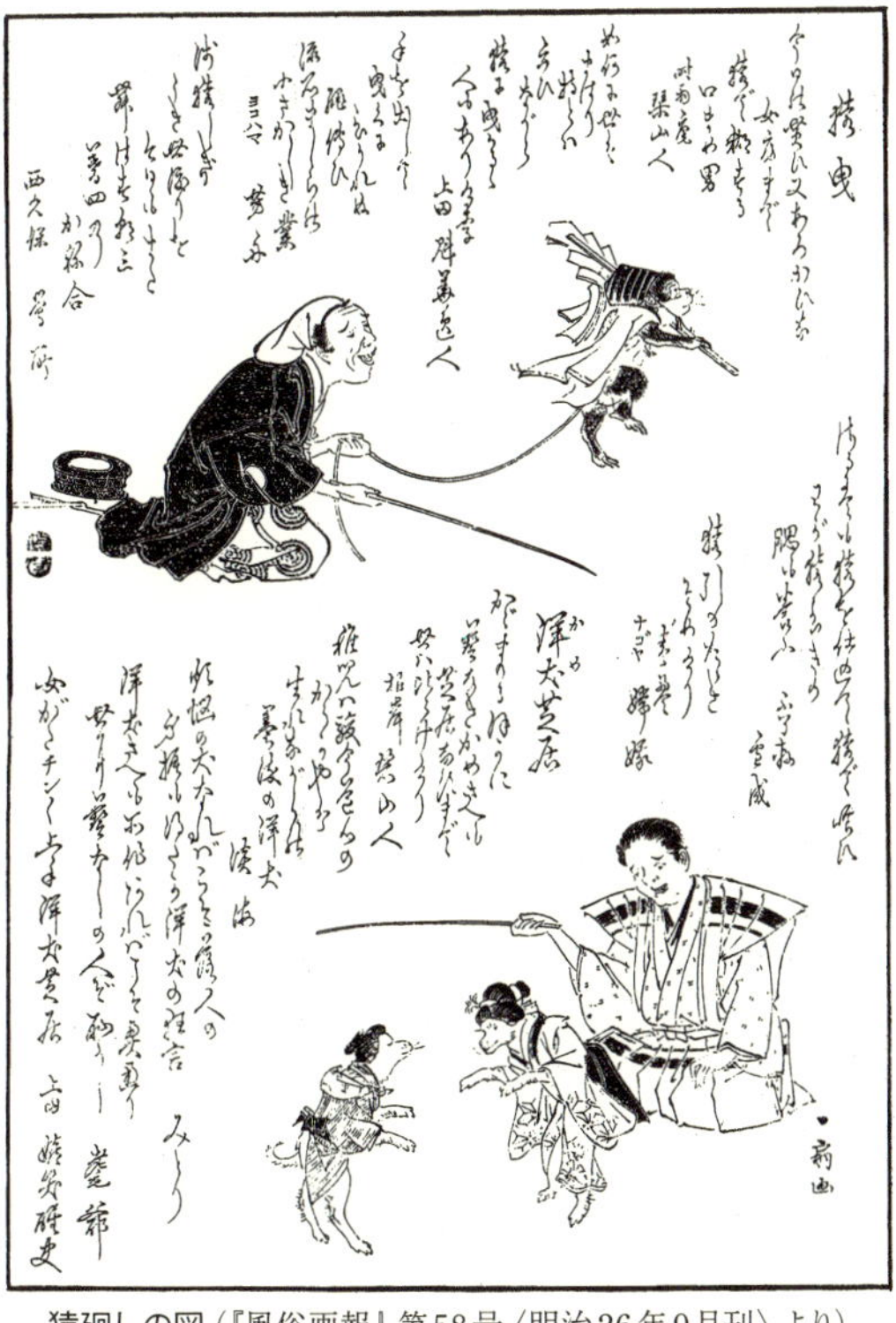

猿廻しの図（『風俗画報』第58号〈明治26年9月刊〉より）

が続く虹ヶ浜の一角にできた集落である。天保一二（一八四一）年に編纂された『防長風土注進案』には、

今の高須松原は往古より海中にて、其中は葦など生茂りたる沼の入江なりしが、大川の流寄にて自然と埋れしを追々開きし村里なるによりて……

と記されている。そのことからもわかるように、島田川の吐き出す大量の土砂が、沿岸の潮流によって堆積してできた砂州に成立した集落だったのである。いつ頃から人が住みつき、集落を形成したのかは不明であるが、元文三（一七三八）年をそれほど遡らない時代であろうと推察されている。

美しい松原に囲まれた砂州にはわずかな田圃と畑が拓かれていたが、そのほとんどは高州の人びとのものではなかった。また、前に広がる海も、豊かな漁場であったが、その漁業権も高州の人びとには与えられていなかった。

そのような高州の人びとの暮らしの様子を、詩人の丸岡忠雄さんは「高州　わたしのふるさと」と題して、次のように詠っている。

ぼうぼうの原っぱ
はまえんどうやぼうふうなんか生いしげった中に
ハカンバラとヤキバ（火葬場）があった
〝白砂青松〟その美しい浜近く
日照りになると
いもも出来ない小高い砂地だった

弓なりの浜の美しさは日本一だが
白砂での百姓の貧しさもそれにおとらぬ

男は
近くの水呑百姓の手伝い男
女は
手をカサカサに荒し
夜なべにぞうり作って飯をかしいだという

詩集『部落』（丸岡忠雄）より

高州の人びとは、百姓の手伝いと草履作りに代表されるさまざまな雑業によって逞しく生きついでいたのである。その一つが猿廻しであった。高州では古くから、猿廻しに出る人がいたようである。しかし、江戸時代は、高州は毛利藩の領地だったのだが、領外に出ることは厳しく規制されており、その歩く範囲はそれほど広くはなかった。この地の人びとが、猿をつれて広く国内を歩くようになるのは、そうした規制がなくなった、明治時代になってからである。

維新以後、高州の人たちは堰をきったように、男も女も旅稼ぎに出るようになった。女は椿油を持ち、男たちは猿を肩に乗せて家を出て、一年のほとんどを旅で暮らした。これを「ジョウゲユキ（上下行き）」といった。北は北海道から、南は鹿児島にいたるまで、上（かみ）にのぼり、下（しも）にくだることからつけられた名称である。

明治時代の後半から大正時代にかけての最も盛んな時期には、東京に集まる猿廻しの多くがこのあたりの人たちであったという。大正時代の初期には、高州に猿廻しの親方が七、八人いて、それぞれが専属の仕込み師を持ち、一五〇頭にもおよぶ猿を育成していたという。親方は、それぞれ一〇人、多い人では二〇人にもおよぶ猿廻しを率いていたという。

このあたりの人たちは猿をヒコといい、猿廻しをヒコヤリといっていた。ヒコヤリは親方からヒコを借り、前借り金を貰って旅に出るのである。おもな稼ぎ場は、人の多く集まる、各地の祭礼や縁日の場であった。門付けをする人もあった。

全国、津々浦々で見られた猿廻しも、昭和五年頃を境に次第に影がうすくなってゆき、昭和三〇年代も後半に入るとほとんど姿を消してしまうのである。また、ヒコをつれて全国を回った人たちも、口を閉ざして「ジョウゲユキ」の日々を語らなくなったのである。そこには、二度と繰り返したくない、口にしたくない惨めで辛い体験が秘められていたからに違いない。

消えてしまった猿廻し、その猿廻しの復活のきっかけをつくったのは、道ゆく芸能を訪ねて全国を歩いていた俳優、小沢昭一さんであった。

猿廻し復活の始まり

小沢昭一さんは、昭和四五年の暮、高州に村崎義正さんを訪ねている。目的は、その頃すでに幻の芸とされていた猿廻しの体験者に会い、取材をすることであった。

義正さんらの尽力を得て、小沢さんは、何人かの人に会うことができ、当面の目的は達成するのだが、さらにその実態を深く研究する必要性と重要性を痛感し、村崎修二さんにその調査を勧めたのである。修二さんは義正さんの末弟で、演劇を志し、東京で演出の勉強をしていたのだが、そのころ家に帰っていたのである。そして、小沢さんの真剣な取材の様子を見、芸能としての猿廻しがいかに重要なものであるかを説く小沢さんの熱意に感激し、また、共鳴した修二さんは、猿廻しを訪ねる旅を始めたのである。

一人での調査に限界を感じた修二さんは、尊敬し、また、兄事していた詩人の丸岡忠雄さんを巻き込み、猿廻しの経験者を訪ね、積極的にその体験の記録化に取り組み、研究を進めていく。そして、その成果を小沢さんの雑誌『芸能東西』に「周防上下ゆき考」として九回にわたって連載した。

それは、時間をかけた、丹念な聞き書きを中心にしたもので、苦労のほどが偲ばれる論考であった。

郷土人の眼で、郷土を研究する、それが本当の郷土研究、すなわち民俗学なのだと柳田國男はいっている。そのとおりだと思うし、そうでなければいけないと思うのだが、これは口でいうほど簡単なことではない。修二さんと丸岡さんの共著である「周防上下ゆき考」は、郷土人の眼と心の結晶だと私は思う。

修二さんは、その成果を携えて、周防大島に宮本常一先生を訪ねた。昭和五二年四月初旬のことである。

宮本先生は武蔵野美術大学の教授であった。

修二さんらの熱意に打たれ、その仕事の重要性に気づかれた宮本先生は、この仕事を文化運動として展開することの意義と、それを通じて地域に人間をつくることが最も大切なことであると、熱っぽく説かれたという。

先生は、「離島や山村などの社会問題で一番大切なことは、地域に人間をつくること。自立と連帯をすすめることのできる真に自主的で文化性を獲得した活動家や指導者をたくさん生みだす運動でないといかん。運動というものは、その主張に真価があるのだから、目標を具体的で、しっかりしたものに限定して、そしてねばりづよく持続して追求する」こと、それが本当の文化運動だ、また、「これだけ君たちが手をつけたのだから、もう少し駒を前にすすめて、実際に猿曳の芸能を復活」することを力説されたと、修二さんは、その編著『花猿誕生』（清風堂書店）に記している。

宮本先生は、この運動を着実で幅広いものにするために、この運動に関心を持ち、協力してくれるであろう大勢の人を紹介した。その一つが、京都大学の今西錦司博士とそのグループであった。

今西さんは、ヒトの起源・人類の誕生を、動物生態学、それを一歩進めた動物社会学の分野から解明していこうという目的を持って、ニホンザルからゴリラやチンパンジーの研究に取り組み、日本の霊長類学を国際的に注目をあびる第一級のものに育てあげたリーダーである。今西さんとその仲間たちは、徹底したフィールドワーカーである。猿を追って山野をかけめぐり、そこで得た資料を基にして考えるということに徹した人たちであった。

生涯を歩くことに徹し、「あるく・みる・きく」ことを通じて自分を発見し、自分の理論構築を志していた宮本先生と今西さんは、お互いに共感するものがあったのである。

ヒトとヒト以外の霊長類の違いは、数え上げればたくさんあるのだろうが、その根底のところにある大きな違いは、ヒトが直立二足歩行するということである。ヒト化の過程で、ヒトの先祖が、いつ・どこで・どのような契機で直立二足歩行を獲得したのかというのは大きな問題であり、疑問として残されてきた問題であった。今西さんたちはその大きな疑問に、現存する猿類の調査研究を通しての接近を考え、苦闘していたのである。

訓練された猿廻しのヒコは、野生の猿たちよりもはるかに長時間、二本足で立って歩くことができ、芸をする。ヒトの起源をテーマとして猿に取り組んでいる人たちにとって、この事実は見過ごせないことであった。興味を持つのは当然である。そして、今西さんとその仲間の人たちは、猿を愛し、人を愛することのできる人たちであった。目的がはっきりしており、取り組む姿勢が真摯なものであれば、相手が誰であれ協力を惜しまない、そういう人たちであった。

こういう人たちを知り、協力を得ることができるようになったことは、村崎さんたちの運動、つまり、文化運動としての猿廻しの復活にとって大きな意味を持つことであったに違いない。

村崎義正さんをリーダーとする高州の人たちは、昭和五二年一二月には「周防猿まわしの会」を発足させた。そして、仕込みの経験者を口説いて、五三年の年明け早々から具体的な活動を始めたのである。猿は愛知県犬山市の日本モンキーセンターの協力で、二頭の若猿を譲り受け、光市北部の丘の上にある長徳寺境内にあった廃校の校舎を借りて、仕込みにかかったのである。

宮本先生は、その活動記録作成のために二組の仲間を送った。一組は映像記録（映画）を担当する姫田忠義さん中心の民族文化映像研究所の人たちであり、一人は写真と文章によって観察記録を作成する小林淳君である。

小林君は武蔵野美術大学の商業デザイン学科（現視覚伝達デザイン学科）の卒業生であった。

小林淳君のこと

小林君は在学中から、宮本常一先生が主宰しておられた生活文化研究会に出入りし、福島県会津地方や広島県三原市の民俗調査などに参加し、デザインの勉強よりも民俗学にのめり込んでしまった学生の一人であった。

小林君が学生時代の学園は、もうかなり治まってはいたが、一九七〇年前後に全世界で吹き荒れた学園紛争の余波が残っており、完全に落ち着いた状態にはなっていなかった。紛争の時代、私たちの周囲には、純粋な正義感に燃えて紛争の渦中に飛び込んでいった人たちもいたが、それに距離をおいてフィールドワークにのめり込んでいくグループもあった。調査グループは宮本先生の影響を受けて、民俗学への指向を強く持ち、息の長い綿密な調査を続けていた。小林君はそういう仲間に加わり、調査に夢中になる学生の一人となっていった。心強い若い仲間の一人であった。

そして、彼は、卒業後、宮本先生が所長をしておられた日本観光文化研究所の同人として活動を始めたのである。「周防猿まわしの会」が設立された頃、小林君が携わっていた山口県久賀町の郷土博物館の資料台帳作成の仕事は終盤にさしかかっていた。

当時、研究所の事務局長として、所員・同人の世話をしていた宮本千晴さんから、猿廻し復活の話があり、「君にうってつけの仕事だと思うが、やってみないか」と記録作成の仕事を勧められたのである。千晴さんも、また、人をその気にさせる名人であった。

小林君は、二つ返事で引き受けた。

「もともと猿には興味がありました。学生時代に河合雅雄さんの『ゴリラ探検記』を読んですっかり魅了され、それをきっかけに、今西さん、伊谷さんたちの本を読みあさりました」と、彼は高州行きの理由を私たちに語ってくれた。彼もまた、今西グループの猿学に魅せられた若者の一人だったのである。

長徳寺境内の廃校舎を借り受けた仕込み場に小林君も泊り込み、猿と寝食をともにしながら観察を始める。彼の残した観察記録を見ると、分刻みに、仕込みの状況を淡々と、客観的に記録している。しかし、彼は、外側から観ていたのではない。最初はそうであったかもしれないが、すぐに虜になってしまい、猿の動きに一喜一憂するようになっていくのである。

猿廻し復活という歴史的事業にかけた「周防猿まわしの会」の人たちには、集まる者を虜にしてしまう、そういう情熱と気魄があった。しかし、仕込みは悪戦苦闘の連続であった。少しも成果があがらないままに日が過ぎていき、五月二〇日、仕込みを始めてから一〇六日目に廃校舎での合宿を解散し、高州に帰った。

仕込み風景　二本足で直立するために必要な腰の筋力をつけるためのサスリコミ（小林淳『仕込み場滞在記』より）

そして、仕込みは、一つのアクシデントをきっかけにして一挙に第二段階に入るのである。

訓練で檻から出された猿のジロウが、近づいた重岡花子さんの腕に噛みついたのがきっかけであった。重岡さんは、当時は猿廻しを止めていたが、若い頃は夫とともに一〇年にもわたって四〇頭もの猿を仕込んだ経験をもつベテランで、この日は義正さんに口説かれて訓練を見に来ていたのである。しかし、ジロウにとっては見知らぬ人であった。その見知らぬ人が頭を撫でようと出した手に、ジロウは噛みついたのである。腕を噛まれた重岡さんは、すばやくジロウの両耳たぶをつかんで、組み伏せ、顔面を地面に何度も何度もこすりつけた。そして「サルっちゅうのはね、毎日かわいがるだけで人間に慣れるような動物じゃないんよ。……サルを仕込むときは、ゲジ（折檻・叱責）をして、ゲジをして、ゆうことをきかん間は徹底的にゲジをすること。わしのほうがボスじゃということを、たえずおしえこまんといけんのよ。これら（サル）の世界じゃって、ボスザルになるには、血みどろのケンカの末になるんじゃからね」といい、さらに地面に顔をこすりつけ、グウの音も出ないようになったジロウの耳たぶをつかんで引き起こし、直立の姿勢をとらせた。そして、よろよろしながら「クックッ」と鳴いているジロウの首の後ろから肩のあたりにバイを当てがい、両手をあげさせて後ろからバイを握らせた。バイというのは仕込み中に猿を威嚇したり指示を与えたりする長さ四〇センチほどの棒である。これは猿を仕込むときの基本の一つで、ヤマユキという姿勢であるという。こうして猿を二本足で立たせ、バイを握った両手をしっかり押さえながら、腰を強くさする。腰の毛が何度も生えかわるくらいさすってやると、腰が伸びるのでだんだん腰に力が入り、足の裏がペタッと地面について踏ん張れるようになるのだという。

猿を力で屈伏させて、人間がボスであることを教えること、そして、ヤマユキとサスリコミを繰り返すことによって長時間、直立二足歩行することができるだけの腰をつくること、これが猿の仕込みの基本であることを、重岡さんは身をもって教えたのである。

ひとしきりサスリコミをした後、ジロウの手綱(タナ)は仕込みの担当者である太郎さんに渡された。太郎さんは義正さんの四男。高校生であったが、「周防猿まわしの会」が設立されたとき、大学進学の思いを断って猿廻しとして生きることを決意し、ジロウの仕込みに取り組んでいたのである。

太郎さんにタナを握られたジロウは、突然挑みかかっていった。重岡さんにサスリコミを入れられていたときの弱々しい態度が嘘のように、全身をバネにして抵抗する。二つの影は、暮れなずんだ路上でもつれ、転げまわった。やがて太郎さんの力と気魄がジロウを上まわり、ジロウを組みしいて顔面を地面にこすりつけ、「うー、まだわからんのかー!」と腹の底から声をほとばしらせたのだという。

ジロウが屈伏した瞬間であり、仕込みが大きな壁を超えた一瞬でもあった。

周防猿廻しの復活

太郎さんに屈伏したジロウは、ヤマユキの姿勢を取り、サスリコミを受け、足腰も安定し、腰を伸ばして二本足で歩くことができるようになった。そして、ヒコ（芸猿）として輪ぬけ・竹馬・おじぎ・流しのギターひきなどの芸を習得していくことになるのである。

しかし、こうした訓練は、隙あらば順位を回復しようとするジロウと太郎さんとの真剣勝負にも似た厳しい対決と緊張の中で行なわれなければならなかった。嫌がって逃げだそうとするジロウをときにはなだめ、反抗するジロウをときには捩じ伏せて肩や首に噛みつき、自分がより強いことを確認させ、反抗を許さない強い姿勢を示さなければならなかったのである。そうしたことの繰り返しの中で、ジロウの腰の筋力は直立二足歩行に耐えるように強くなり、ヒコとしての必要な芸を習得していくことができるようになったのである。

小林君は、長徳寺山での苦闘の時代を振り返って、

わたしたちはいまでは、サルがペットにならないことを知っている。サルをペット的にあつかうことが、いかにサルを冒瀆することであるかを知っている。サルはひじょうに人間に近い動物だ、しかし、逆にひじょうに人間とは遠いところで自我を確立している。かれらはけっして人間に追随しない。〝陣痛時代〟、わたしたちはそのへんを誤解していた。そして、サルをあくまでも人間の世界にひきいれようとあえいでいた。

と反省している。

これは、小林君だけではなく、「猿まわしの会」全員の反省でもあった。

「サルを仕込むときにはサルになれ」というのが、かつての猿廻しの世界の金言であったというのだが、会の人たちは、それを推敲して「ボスザルになれ」と改めたのだ。

猿を組みしいて屈伏させ、その上で「ボスザルになれ」などというと、力だけで相手を支配することのように受け取られるおそれがあるのだが、単純にそう受け取られてしまっては困るのである。

その背景には、猿は、訓練することによって、さまざまな芸を行ない得るのだ、そのような能力を潜在的に持っているのだという信頼があってのことなのである。

猿は群れ生活をする動物である。群れが群れとして存在し、生き続けていくためには、一定の秩序が必要である。その秩序のありようは、動物により、また、群れによっても異なっており、一様ではない。しかし、猿の世界、特に猿廻しのヒコ、つまり芸をする猿として訓練される猿のほとんどはニホ

秩序ある仕込み（調教）は、サルの目をまっすぐに見つめることより始まる（小林淳『仕込み場滞在記』より）

ンザルの雄なのである。そして、ニホンザルの社会の秩序原理は、群れによって多少の強弱はあるものの、順位制なのである。そして、群れの中での順位を保つために、また、若い猿が群れの中で地位を確立していくためには、血みどろの闘いが必要なのである。そのことは、ときどき、動物園の猿山騒動として新聞記事になるので知られていることである。

ボスザルになるということは、仕込み・訓練にあたって、彼らが本来持っている群れの秩序原理に習うということである。ボスというよりも、リーダーという言葉の方がより正確に彼らの意図するところを表しているといえるだろう。小林君も「ボスザルになれ」ということは「たんにサルたちの権力者になれ、ということではなく、サルたちのよきリーダーになりたい、という願望からでた言葉なのだ」といっている。

小林君は「仕込み場滞在記」(『あるく・みる・きく』一四三号)に、

サルを仕込むとき、仕込む側と仕込まれる側との力関係があいまいだったら、いったいどうなるだろう。いく

10月15日(雨天)防府市富海の国津姫神社での興行。丸い人垣が、熱気と笑いに包まれる(小林淳『仕込み場滞在記』より)

ら仕込む側がサルにあつい信頼をよせていても、それはまったくからぶりにおわるはずだ。一方的に信頼をよせられる側のサルからすれば、逆に不信感がつのるばかりだろう。いや、サルというのはなかなか賢い動物だから、一方的に信頼されることをいいことに、楽なほうへ楽なほうへと身をかわしていくかもしれない。

と記している。仕込みは秩序をもってなされなければならないのである。力関係をはっきりさせる、順位を明確にすることによって、仕込む側の人間と仕込まれる側の猿との間には、おのずと緊張関係が結ばれる。そういう中で「わたしたちのサルによせる信頼が、かならずサルにつたわるようになるし、サルもまた、わたしたちを信頼してくれるようになるのである」とも小林君は記している。

周防猿まわしの会のよきリーダーとして、猿廻し復活とその後の運営に情熱を注いだ村崎義正さんは、小林君に、

人間でもサルでも、たたきあげ、きたえあげなければホンモノにはなれん。そのホンモノを生みだすためには、人間の教育にも、サルの仕込みにも、かぎりないやさしさとかぎりないきびしさが要求される。そしてその根底には、かならず相手を信頼するっちゅう気持ちが必要なんよの。

と語ったということである。

信頼に裏打ちされた優しさと厳しさに育まれて、高州の猿たちはヒコとして成長していった。

そして、記録者として高州を訪れた小林君も、また、単なる傍観者としてではなく、「猿まわしの会」の一員として鍛えられ、成長していったのである。小林君の高州滞在は長徳寺山での苦闘の期間を含めて昭和

五三年の一月から十ケ月ほどであったかと記憶している。

そして、彼は、昭和五四(一九七九)年の春にはアジアからアフリカ、ヨーロッパへの長い旅に出発していったのである。

「猿蟹合戦」を読む

「猿蟹合戦」という話がある。

絵本によって誰もが知っているが、そこでの猿はかなりの悪者に設定されている。ところで、各地に伝承されている昔話を見ると、この話は、二つの系列の話の融合体であることがわかる。

一つは、寄合田系の話に焦点を当てたもので、一例として佐賀県の小城郡や神埼郡に伝えられている話を紹介すると次のようになっている。

猿と蟹とが餅米を拾って来ていっしょに餅を搗こうとする。搗き終わって、蟹が借り物の臼と杵を返しに行っている間に、猿は餅の全部を袋に入れて持ち、木に登って一人で食べていた。蟹が戻って来て「少しおくれ」といっても、猿は渡してくれない。そのうち、猿の腰掛けていた枝が折れ、猿は地に落ちた。蟹は急いで袋を取って穴に入ってしまう。今度は猿が「少しおくれ」というが、蟹は渡そうとしない。怒った猿が蟹に汚いものをかけると、蟹は猿の尻を挟んだ。それで猿の尻は赤いのだ。

熊本県の天草では、猿蟹の争いの後、蟹の足に毛が生えたのだとしている。青森県三戸郡では、寄合餅を搗いた後、転がった臼に押されて猿は川に流されるが、蟹は水の中の餅を食べることができたとなっている。この話は、地方によって、猿と兎とになっている場合、猿と蛙、あるいは猿と雉とになっている場合などがある。

岐阜県吉城《よしき》郡《ぐん》では、蛙は田のものだから米を、猿は山のものだから臼と杵とを持ち寄って餅を搗くことになっている。

一方で、猿と蟹との争いに焦点を当てた系列の話がある。秋田県鹿角郡に伝わる「蟹むかし」は次のようなものである。

七四猿の土人形（大阪府堺市）

猿と蟹とが餅を搗いた。猿は独り占めにしようと思って、臼を転がした。臼は山を転がり落ちていった。餅が臼から落ちたので、蟹は泥に汚れた餅を食べていた。戻って来た猿が「餅をくれ」といっても、蟹は渡さなかった。猿は怒って、山に戻った。恐くなった蟹が泣いていると、橡《とち》・蜂・牛の糞・臼と杵などが助力を約束し、寒いので囲炉裏の火をおこしていた猿をやっつける。

佐渡の「蟹むかし」系の話では、猿に柿をぶつけられて死んだ親蟹の仇を子蟹が討つために栗・蜂・

藁打ち石・小刀・牛の糞などが助太刀する。また、山梨県西八代郡では、助太刀は蜂・栗・針・糞・臼となっている。長野県小県郡では、猿と争う雉に蟹・蜂・牛の糞・縄・臼などが助勢するとなっている。

このような昔話群をみると、猿を単に非情な悪者であると考えて、それで終わりとするわけにはいかないことは明らかであろう。

岐阜県吉城郡で猿を山のものとしたり、秋田県鹿角郡のように餅を山の上で搗いたりするのは、当然のことではあるが、猿は山のものと考えられていたからである。寄合田系の話で、猿と蟹、あるいは猿と蛙と設定されているのは、山と水との協力が背景にあるのだろう。山と水との協力によって生活が成り立つという考えがあったに違いない。

鹿児島県鬼界島や甑島の昔話に、神の一人娘の病を治すために猿の生き肝を求めるという話がある。福井県坂井郡では九頭竜川の蛇が出産に際して、また、山口県周防大島では乙姫様の病気に際して猿の生き肝を求めるという話になっている。このような話も、単に滋養強壮のために生き肝を求めるというのではなく、猿の霊力を認めた上で成立したものであろうと思われる。

神的存在としての猿

滋賀県大津市の日吉神社の神のお使いは猿であり、桃を手にした猿の絵の絵馬が社務所に置かれている。この事実も猿が神的存在であることを示している。

日光の三猿は「見ざる・聞かざる・言わざる」の「ざる」を「猿」にいい掛けて表わすといった面のみで有名だが、この三匹の猿は、東照宮の神厩につけられているのである。それは、猿が馬を守る力を持つものであったからであり、役割としてはこの方が重要であることはいうまでもない。

古く、庚申の夜は起きていることになっていた。人間の体内に住む三尸《さんし》という虫が眠っている間に天帝に人間の悪事を伝えに行くので、眠ってはいけないのだといわれていたのである。これは中国から伝来した道教の考えが定着したもので、江戸時代には広く行なわれ、各地に庚申塔を建立している。それを庚申信仰という。そして、この庚申塔には、必ずといってよいほど青面金剛とともに三猿が彫られているのである。もちろん、三尸に対する人間の願いが表現されているのであり、また、庚申の日の「申」に因んでもいるのだが、猿を信仰の対象としても差し支えないといった発想が伝統的にわが国にあったから可能になったことに違いない。

桃持猿（和歌山県、瓦器製）

有名な「桃太郎」の物語で、彼の鬼ヶ島征伐に助勢するのは、猿と犬と雉である。この三種の動物が選ばれた理由は不分明であり、物語の上での必然性も明確ではないが、鬼を退治しようとする桃太郎にとって必要な助勢者の中に猿がいたことは確かである。この選抜も、猿に対するわが国の呪的伝統を背景にして成立していると考えるべきであろうと思われる。

狂言の「猿聟」は、能の「嵐山」の間《あい》狂言《きょうげん》として上演されることが多いが、新婚の聟猿が嫁の姫猿とともに吉野の山中から嵐山の嫁の実家に舅猿を訪れて、一面の桜の花の下で酒宴を開くという内容のものである。「キャアキャア」といった猿語で演ぜられるので、人間の行なう花見の行事を単に猿に託したものにすぎないようにも見えるが、猿だからこそ目出たいのだとも考えられるだろう。

三番三と猿

明治二六年九月の『風俗画報』に見られた猿廻しの図を一五三頁に、また静岡県水窪町西浦の田楽堂の駒牽猿の図を下に掲載した。それらを見ていただきたいのだが、そこに描かれた猿は、いずれも剣先烏帽子をつけ、御幣を持っている。

駒牽猿図（紙絵馬、静岡県水窪町西浦の田楽堂）

剣先烏帽子は、三番三（三番叟《さんばそう》とも）が着用することで知られている黒色の烏帽子で、先が尖っているという特色を持つと同時に、日月の文様が付されている場合も多いものである。

三番三は『翁《おきな》』系の芸能に登場する老翁の一人で、人間世界を祝福するために異次元世界からやって来た神聖な存在である。

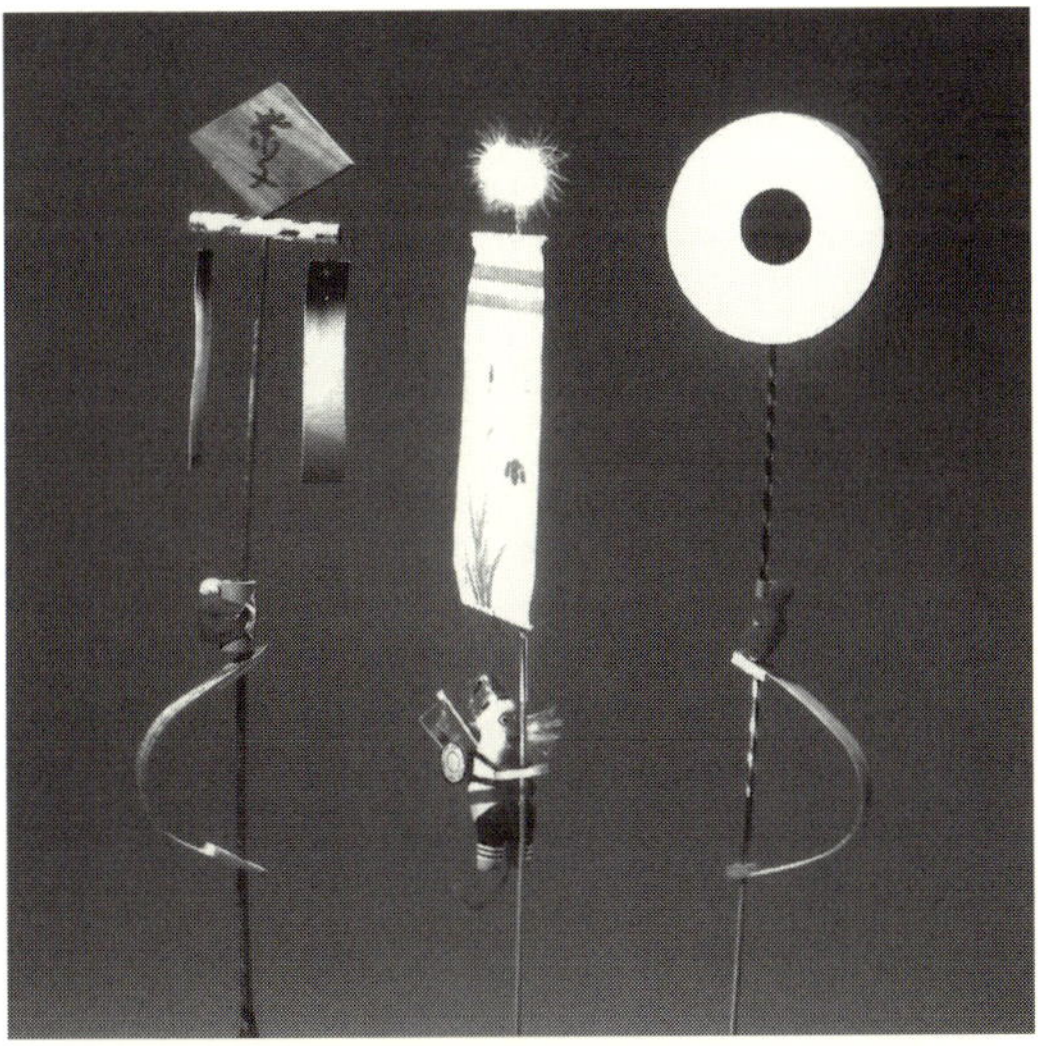

猿の玩具　東京柴又の「はじき猿」（左）、日向の「のぼり猿」（中）、三重県多度町の「はじき猿」（右）

『翁』は、古くは『式三番《しきさんばん》』と呼ばれた。それは、三組の老翁と冠者（若者）とが舞を連ねる芸能であったからである。

『翁』系の芸能は、全国各地にさまざまの形態で伝えられている。それに用いる仮面は「切り顎」といって、顎の部分が切り離されていて、紐で結びつけられているのが特色で、そのために動作に応じて顎が動くのだが、この点に着目すれば、多くの場合、『翁』系の芸能かどうかを識別することができる。

能楽や歌舞伎もこの系統の芸能を伝えているが、歌舞伎は「三番三」だけの上演が主となっている。江戸時代には、三番三の人形を持って村々を回る芸能者もいた。これらは祝福の芸能であったから、各地で喜ばれた。

能楽も『翁』系の芸能を伝えており、それを「翁」といっている。三組の老翁と冠者との舞を伝えてはいるが、その全体を上演することはない。

中世の資料や能楽が伝承しているところによると、三組というのは、翁と千歳《せんざい》の一組、父尉《ちちのじょう》と延命冠者の一組、剣先烏帽子を着用した三番三の直面《ひためん》の部分、それを「揉《もみ》ノ段」というのだが、それと黒式尉《こくしきじょう》の面をつけた「鈴ノ段」との一組である。直面とは仮面を用いないことをいう言葉である。

これらの老翁たちの登場順には変遷があった。三番三は、このような組み合わせの芸能での、三番目に登場する老人という意味で、三番目に登場していたときに、三番猿楽とかサンバンソウとか呼ばれていたものの名残であり、後にサンバソウと呼ばれるようになったものである。

能楽の三番三は、一人の役者が「揉ノ段」と「鈴ノ段」とを演じる。そのどちらの部分でも、剣先烏帽子をつけている。しかし、その表現するところが同一人物であるとはいえない。直面の「揉ノ段」は、白式尉をつけた翁とともに登場する千歳が直面であるように、冠者を表していると考えられる。一方、黒式尉をつけた「鈴ノ段」は、榊や幣束などと同じトリモノの一種の鈴を持って舞うのでそう呼ばれるのだが、そのとき用いられる仮面からも明らかなように、老翁である。それを一人の役者が演じ、しかもその変身の過程を観客の眼前で行なうということは、その両者を一人の役者が演じても不都合ではないと人びとに受け止められるほど同質の性格であったからに違いない。千歳などは、単なる露払いではなかったのである。

この三番三が剣先烏帽子をつけているのである。剣先烏帽子は、それを着用する登場人物が神聖な存在であることを示しているといえるだろう。その神聖性を象徴するカブリモノなのである。

土屋又三郎の『農業図絵』（日本農書全集二六巻）には稲の取り入れが終わった後の休みの日に農家の庭先で舞う猿廻しが描かれている。この猿は、剣先烏帽子をつけてはいないが、御幣を持って、筵の上で舞っている。この筵は何だろうか。

天竜川沿いの山村の各処に伝えられている花祭は、現在は年末から正月へかけて集落単位で日々連続するかのように行なわれているが、本来は霜月祭の一つで、旧暦の一一月に行なわれた祭礼である。この祭礼は二四時間以上も踊り続けることで知られているが、この祭礼を統括し、儀式全体を進行するのは、神人《みょうど》と呼ばれる特別な役割を持った神聖な人びとである。その人たちが祭礼の冒頭部分で舞う舞は、筵の上で舞われるのである。この場合は、明確に、筵が神の座、神聖な場所を示しているのである。

相撲は神事であり、その土俵は神聖な儀式の場である。その土俵を他と区別しているのは俵である。この俵も、古く、藁なり筵なりによって示された神聖な場の標識の名残であろうと思われる。鹿児島県知覧町（現南九州市）のソラヨイ祭は少年の相撲が祭礼の中心を形成し、それは藁を積んだ上で行なわれているのである。土俵から出た者が敗

庭先での猿廻し（『農業図絵』より）

者となるのは、神聖な場から外れた者が神とのつながりの上で弱い立場となることを示しているといえるであろう。

能楽は、古く猿楽といった。それについては諸説がある。中国から伝来した散楽の転訛であるというのも有力な説である。これは、「駿河」を「シュンガ」ではなく「スルガ」というように、「ンガ」の部分が「ルガ」と転訛して「サンガク」が「サルガク」になったというのである。また、奈良の春日大社の祭礼が申の日に行なわれ、申祭《さるまつり》といったので、その祭礼で演ぜられる芸能を猿楽といったという説もある。

室町時代以前の猿楽と呼ばれた芸能の芸態を知ることは困難だが、それが祭礼で行なわれた神事芸能であったことは確かである。

いずれにせよ、そのような神事芸能を猿楽と呼んだのである。猿が悪者であったり、軽蔑の対象となるような存在であったら、このような名称で神事芸能を呼ぶことはなかったに違いない。

とにかく、猿は、剣先烏帽子をつけた姿を取ることが許されていたのである。ここに、我々の祖先の猿に対する想いを見ることができる。

酉・鶏

十二支の第一〇位は酉（ユウ）である。動物ではニワトリ（鶏）が当てられている。ニワトリはキジ目キジ科ニワトリ属の鳥類で、全世界で飼育されている最も一般的な家禽である。

その祖先種は、東南アジアに広く棲息しているセキショクヤケイ（赤色野鶏）だとされているのだが、インド西部にいるハイイロヤケイ（灰色野鶏）、スリランカに棲んでいるセイロンヤケイ、スンダ列島に棲息するアオエリヤケイ（緑襟野鶏）なども家畜化に関係があるという説もある。

野鶏が家畜化された起源地はインドで、紀元前三〇〇〇年頃だという説が強い。しかし、起源地は一ヶ所ではなく、インド、ミャンマー、東南アジアなどの赤色野鶏の棲息する山林に接したさまざまの地域であろうと考えている人もいる。これらの地域では、周囲の山林にいる赤色野鶏と家鶏は遺伝的に連続しているのである。また、野鶏の雄が里に出てきて家々で放し飼いにされている家鶏の雌と交尾するという光景が珍しくないのだという。家畜化されて後も常に野生の血が流入しているわけである。

家鶏の先祖種だと考えられている赤色野鶏などは、山林でも、原生林ではなく、より人里に近い二次林を好んで棲み、人里に出てくることも多かった。人目に触れる機会が少なくないのである。また、赤色野鶏などは一雄多雌の群れで行動しており、群れごとに縄張りを持っている。そして、雄は、自分の群れとテリトリーを守るために闘争本能が発達している。この闘争本能の強さが、捕獲を容易にしている。囮《おとり》を用いれば比較的簡単に生け捕りすることができるのである。

また、日の出前と日没前に採食や交尾などの活動のピークがあり、そのときに雄は激しく高い声で鳴く。人びとは、古くからそれによって時刻を確認していたらしい。

野鶏の家畜化は人里に近づいた野鶏が、生け捕られ、餌付けされて人に馴れ、飼育管理されるようになったのだと考えられている。

闘鶏と近代ボクシング

ニワトリの家畜化は、食用を目的としてということも皆無ではなかったに違いないのだが、より大きくは、夜明けと夕暮れに鳴く雄の声によって時を知ることと、雄の闘争本能を利用して闘わせる、いわゆる闘鶏が目的であったとする意見が強い。

闘鶏は、現在は禁止されている国が多いのだが、広く各地で行なわれている。

マレー、ジャワ、スマトラなど東南アジアの各地では、全財産を賭け、そのために妻子をさえ手離すほどのものであったという。フランスやイギリスのヨーロッパ諸国でも非常に盛んであった。イギリスでは一六・一七世紀の暴君として有名なヘンリー八世とチャールズ二世は、ギャンブルとしての闘鶏に熱中し、細かいルールを定め、王宮内に専用の闘鶏場まで作っていたという。彼らが定めた闘鶏のルールは、たいへんよくできていて、一八世紀に近代ボクシングが興ったとき、そのまま借用されたほどであるという。ボクシングの体重区分として知られている、ヘビー・ライト・バンタムなどは闘鶏用語からきたものだという。

先にも述べたように、ニワトリは世界のあらゆる地域で飼育されているのだが、ニワトリの飼育が世界中に広がった最も大きな理由は闘鶏のためだったという人がいるほど、闘鶏は人びとを魅了するものだったのである。ヒトという動物、とりわけオトコという動物はギャンブルと残虐さを好む性癖を持ったどうしようもない困った動物であるらしい。

闘鶏に熱中した地域では、より強いニワトリをつくるために、飼育法・食餌法にさまざまな工夫を凝らしているのだが、それは秘伝とされ、明らかにされていないところが多い。また、闘わせ方にもさまざまの工夫があった。たとえば、ニワトリの俊敏さを高めるために、鶏冠《とさか》や尾羽などを短く切りつめて身を軽くし、武器である距《けづめ》を研いで鋭くするなどは普通のことで、イギリスや南米諸国、フィリピンなどでは、それに金属製の鋭く尖った人工距をはめ込み、より深く突き刺さるようにしたり、蹴ったときに相手を切り裂くように両刃になった半月型の距をつけたりしたものであるという。両刃の半月型の距をつけるのは薩摩地方でも見られたというが、日本で行なわれていた古くからの闘鶏は、距を研ぐくらいのことはしても人工の距をつけることは薩摩以外では行なわれていなかったようである。

日本でも古くから闘鶏は行なわれていた。『日本書紀』によると雄略天皇の七年八月に宮中で行なわれている。また、『三代実録』には、陽成天皇が元慶《がんぎょう》六（八八二）年二月二八日に弘徽殿《こきでん》前で闘鶏を観たという記事がある。

また、『栄華物語』には、寛弘三（一〇〇六）年三月花山院が催した闘鶏の話が記されている。これによると、童たちが諸国を訪ねてニワトリを探してきて、当日は左右の楽屋を作り、さまざまの楽舞などをととのえて、高官をはじめ大勢が見物する中で、童たちが左右にわかれて蹴合わせをし、勝った方が楽などを奏して威勢をあげ、勝ったニワトリの多い方が勝ちとなるという方式であったようだ。

古くは闘鶏をトリアワセ（鶏合）といい、宮中の行事として行なわれていたのだが、宮中ばかりではなく一般民衆の世界でも盛んであったことが『鳥獣戯画』などに描かれているところで知ることができる。宮中では室町時代になると三月三日の節供の行事として行なわれるようになっている。

儀式で行なわれている以上、何らかの卜占的役割を持っていたに違いない。しかし、『栄華物語』の記事では左右に別れて勝敗を競ったとあるのみである。

鶏合図（「年中行事絵巻」『故事類苑』より）

卜占としての闘鶏

和歌山県田辺市に闘鶏神社という神社がある。この神社は古く熊野権現を勧請し新熊野と称されていた神社である。

歴史地理学者の吉田東伍の『大日本地名辞書』には、

鳥合宮王子、此の社は田辺の東南、湊村神田に在り、土俗鳥合宮といひ、舊く田邊社と称す。蓋し熊野連の一族、田部連の祖神なり。後世、新熊野権現と改む。別当湛増湛誉等、当時熊野黨の魁師たり。源平盛衰記に云く、源平合戦の時、熊野別当湛増は頼朝には外戚の姨婿《おばむこ》なりと雖も、爾來平家安穏の祈禱いたしけるが、又今更に平家を捨てんこと昔の好を忘るるに似たりと、進退思ひ煩ひつつ神明の冥覧に任すべしとて、文治元年田部の新宮にて臨時の御神楽を始む。神明巫女に託して曰く、白鳩は白旗に付くと、湛増猶之を信ぜず、御前にて赤きは平家白きは源氏とて七番の鶏を合せけるに、赤鶏白鶏を見て一番もつがはず逃げにけり。此の上はとて、熊野三山金峰吉野十津川の兵どもを語らひ聚め、若一王子の御正體を下し奉り、榊の枝に飾り付け、旗の紋楯の面には金剛童子を畫に顕はし、兵船二百餘艘を調へて、紀伊國田部の湊より漕ぎ渡り源氏に加はると云ふ。

とある。赤白の鶏を蹴合わせて占ったのである。闘鶏すなわちトリアワセも、単にギャンブルを楽しむだけのものではなかったことを偲ばせる事例の一つである。

インドあるいは東南アジアの山地に起源するニワトリは、交易商人などの手によって、北は中国から南はエジプト、さらに西はバクトリア（アフガン）を経てペルシア（イラン）へと伝えられ広がっていった。

中国では、殷代の甲骨文字にすでに鶏を表わす記号があるというから、紀元前一五〇〇年頃にはすでにニワトリは伝わっていたのである。

中国に伝えられたニワトリが闘鶏を目的としたものであったかどうかは不分明である。しかし『唐書《とうじょ》』の五行志に「玄宗闘鶏ヲ好ム」とあるから、この記述を信ずるとすれば、秦代には闘鶏は行なわれていたことになるし、その他の文献にも闘鶏の記事は散見されるので、中国でも闘鶏は盛んであったと考えてよい。

夜の闇を追い払う鳥

ところで、漢代に成立した『説文』（『説文解字』）をみると「雞　時ヲ知ル畜也」とある。ニワトリの家畜化のもう一つの大きな目的には、先述したように時を知るということがあった。中国でも、その鳴き声によって黎明を知るのが鶏飼育の大きな目的の一つであったのである。澤田瑞穂氏『中国の民間信仰』には、中国の、農暦二月一日の太陽星君（日神）の縁日に、太陽糕（タイヤンカオ）と呼ぶ干菓子に、製麺用の粉で作った小さな鶏形を張り付けたり挿したりして供える習俗があったが、それは鶏が、その鳴き声で黎明を告げる鳥であり、さらには暗黒の夜を追い払い、光明の太陽を呼び出す霊鳥とする古くからの信仰に基づくものであろうと述べている。黎明を告げる鶏は太陽信仰と深い関わりを持っているのである。

日本においても、鶏は夜明けを知らせる鳥であり、神や精霊の時間である夜と、人間の活動する昼との境目を告げる霊鳥だと考えられていた。時計のない時代、人びとは雄鶏の鳴き声によって時を知ったのである。一番鶏は丑の刻（午前二時）、二番鶏は寅の刻（午前四時）だといい、農家のお嫁さんは、その声を聞いて起き出し、竈を焚き付け朝の準備を始めたものであった。

『古事記』の神代の巻の天の岩屋戸神話に「常世の長鳴鳥」と呼ばれるニワトリが登場する。その部分を略述すると次のようなものである。

スサノヲ（須佐之男命）は天上世界で暴れ回った。その悪業を怒った姉の天照大御神は、天の岩屋戸に隠れてしまった。それによって、天下は闇となり、夜ばかりが続くことになった。あらゆる妖《わざわい》がいたるところで起こった。八百萬《やおよろず》の神々は、天の安の河原に集まり、「常世の長鳴鳥」を集めて鳴かせた。また、天の香山《かぐやま》の茂った榊の木を根の付いたまま採って来て、それに勾玉《まがたま》と鏡と幣束とを付けて立てた。そして、その前に桶を伏せて据え、聖なる襷《たすき》をし、聖なる葛《かずら》を髪飾りとし、小笹葉を手に持ったアメノウズメノミコト（天鈿女命）に、その上で舞わせた。

夜ばかりが続くことになってしまった事態を解決しようとしての神事を行なう際のことであるから、まず、朝を告げる常世の長鳴鳥すなわちニワトリを鳴かせてみようとするのは理解できる展開である。

ところで、江戸時代の儒学者として名高い新井白石は、その著『東雅《とうが》』で「鶏」に次のような注を付けているのである。

> 日神天磐屋戸をさしこもり給ひし時、思兼神、常世長鳴鳥を集めて鳴かしめられしと見えしは、鶏をいふと云ひ伝へしなり。さらばニハトリとは、斎場《ゆには》の鳥なるを云ひしなるべし。一に木綿付鳥《ユフツケトリ》などいひ

しも、此の事に因りぬらん。

と記している。

神聖な祭事の場である斎場はイツキノニワであった。そこでの鳥だからニワトリというのだといっているのである。また、木綿付鳥も、神事に欠かせない幣束、すなわちユウを付けた鳥の意であるというのである。この白石の説は説得力がある。

アマテラスは、太陽神である。中国と同じく、日本においてもニワトリは太陽神と深い関わりを持っていたということができるであろう。

神聖な祭壇を設営して重要な祭事を行なおうとしているのである。そこに位置づけられるものは、何もかもが神聖なものでなければならなかったはずである。

明神様の境内の鶏

江戸時代後期の戯作者、狂歌師として有名な太田南畝（蜀山人）に『調布日記』という紀行文がある。これは南畝が多摩川に遊んだときの記録であるが、その文化六（一八〇九）年二月二五日の条に

本社の前なるしだり桜今を盛りなり。鶏あまたむらがりゐて、人をしたひ来るは、米を乞ふなるべし。土器に米をもりてうるうばあれば、買得てちらすに、鶏の食を争ひすすむもおかし

とある。本社というのは武蔵府中の六所明神（大國魂神社）の本殿のことである。本殿前の広庭に鶏がたくさん群れており、その鶏の餌を売る人がいたことがわかる。参拝者の多い神社や寺院の境内に鳩が多くいて、その鳩の餌を売る屋台があるところは少なくないのだが、それと同じ状態がここにあったことがわかって興味深い。大國魂神社の境内に放されていた鶏は、茶色で尾羽の黒いチャボに近い小さいものが多く、白色系のものはほとんどいなかったということである。

一刀彫の鶏（山形県米沢市）

電燈のない時代、人びとは早く床についた。そして、朝の目覚めも早かった。古くから定時法が用いられてはいたが、一般には時計もなかったから、正確な時間を知ることは困難だった。しかし、寺々で撞きならす鐘の音が刻《とき》を教えてくれていたのである。大國魂神社のある府中の町では、高安寺の明け六つの鐘でたいていは起きたものだという。

明け六つというのは、卯の時のことで、辞書などには現在の午前六時頃にあたると解説している。江戸時代には、一般に、不定時法がとられていた。その時刻は、定時法をとっている現在の時間との対応はむずかしく、一口に六時といってしまうことはできない。

不定時法というのは日の出と日の入りを基準にして昼と

夜を分け、昼間の時間と夜の時間をそれぞれ六等分し、合計一二刻を一日とする方法である。一日を一二等分すれば一刻は二時間ということになるのだが、不定時法では同じ一刻であっても、昼夜の時間が同じになる春分と秋分の日以外は、昼の一刻と夜の一刻の長さは違うことになる。もちろん、季節によって日の出や日没の時間が異なるために、同じ昼間であっても一刻の長さが違うということになるのだが、江戸時代には、朝夕の薄明の時間を昼の時間帯に含めているので、さらに複雑になっている。

ちなみに東京における中央標準時と季節による明け六つ、暮れ六つの対応の概略をあげると次のようになる。

	明け六つ	暮れ六つ
冬至	午前六時一一分	午後五時〇八分
立春	六時〇三分	五時四七分
春分	五時〇九分	六時二九分
立夏	四時〇九分	七時〇七分
夏至	三時四九分	七時三六分
立秋	四時一七分	七時一五分
秋分	四時五四分	六時一三分
立冬	五時三二分	五時一七分

同じ明け六つであっても、季節によって大きな差があったことがわかる。この不定時法が現行のような定

時法に改正されたのは、暦が太陰太陽暦から太陽暦に改正された明治六年からである。

太陽暦の明治六年一月一日は、太陰太陽暦の明治五年一二月三日であった。

明治五年一一月、暦法の改正を告げる太政官布告には時刻法の改正について、次のように記されている。

時刻ノ儀、是迄昼夜長短ニ随ヒ十二時ニ相分チ候所、今後改メテ時辰儀時刻昼夜平分二十四時ニ定メ子刻ヨリ午刻迄ヲ十二時ニ分チ、午前幾時ト称シ、午ノ刻ヨリ子刻迄ヲ十二時ニ分チ、午後幾時ト称候事
不定時法から定時法にかわって、新しい歩みを始めることになるのだが、午前、午後という言葉や、「お八つ」などという言い方の中に、暮らしの中に刻みこまれた不定時法の長い歴史を感ずることができる。

鶏に話を戻そう。町場や寺に近いところの人びとは明け六つの鐘を聞いて起き出したのだが、鐘の音の聞こえないところでは、雄鶏の告げるトキの声が朝を教えた。

大國魂神社の周辺の村々でも、ほとんどの農家が鶏を飼っていた。そして高く鳴く雄鶏のトキの声で目を覚ましたものであるという。鶏は、放し飼いであった。夜明けとともに外に出た鶏は屋敷まわりを彷徨して穀物のこぼれたものや虫などを拾って過ごし、日暮れになると泊り場に帰る。泊り場は母屋の土間隅の壁際、天井近くの高いところに設けられているのが普通であった。天井の梁から吊るした縄に竹竿や丸太を結びつけた簡単なものである。トバクチから入ってきた鶏たちは、それに飛び上がって寝る。高く吊った泊り場に鶏が登るのに便利なように梯子や藁縄を巻いた棒などを立てかけている家もあった。これをニワトリ梯子とか登り棒などといった。

家の中でトキをつくる雄鶏の声は、夜の静寂を破り充分に目覚ましの役を果たしたのである。一番ドリ、

二番ドリ、三番ドリと正確にトキを告げる雄鶏も、年を取ると正確にトキをつくらなくなるし、足の爪が伸びてまっすぐに歩けなくなる。そうなった鶏は大國魂神社の境内に放した。太田南畝が見た鶏の群れはそういう鶏であった。六所明神の杜は、老齢化してトキを告げることができなくなった雄鶏の余生を送る場となっていた。そして、人びとは、土器に盛った米を与えてその労をねぎらったのである。

どこの農家でも、鶏は、卵を採り、また、大切な来客には締めて馳走とした。欠かせない動物性蛋白の補給源であった。そのことは確かなのだが、朝の訪れを知らせる神聖な時告鳥でもあったのである。だから無用になったからといって、簡単に腹の中に納めることはできなかったのである。それを納める場は明神様の境内でなければならなかったのである。

鶏の呪力と金鶏伝説

『伊勢太神宮神異記』に次のような記事がある。

むかし豊太閤の御時、朝鮮人来朝せし食用の為にとて、伊勢大宮

さまざまな鶏の玩具　(右から) 千葉県芝原の土人形、佐賀方野人形、東京都福生酉、長崎県の土人形

にいくらもある鶏を取り寄せ給ふ事ありて、伊勢より篭に入てあまた持たせのぼせけるに、ほどなくみなかへし給ひけり。後に委《くはし》く聞ば、朝鮮人食物に毛羽をむしりたる鶏 俎《まないた》の上にて忽に生きて起き上がり晨《とき》をつくりけるにより、此の神異におどろき給ひて、残る鶏を皆かへし給ふとぞ、其の比《ころ》の老人物語せし也。鶏は神の使者と古老口實傳などには記したり。

伊勢神宮の境内にはたくさんの鶏が放されており、それが神の使者として意識されていたのである。武蔵府中の六所明神（大國魂神社）の境内の鶏も、時告鳥であると同時に、神の使者であるから神聖なのだという意識があってそこに放されたに違いない。

時を告げてくれる鳥であった鶏だが、時だけではなく、さまざまなモノの存在を教えてくれる鳥でもあった。

江戸時代に谷川士清《ことすが》によって編纂され、近代的国語辞書の先駆だといわれている『和訓栞《わくんのしおり》』の鶏の項には、次のように記されている。

にはとり　水に溺れたる死骸をたづぬるには、鶏を舟にのせて浮かむれば、死骸あるところにて、時をつくるといひ伝へたり。諏訪の湖にても、沈没の人あればこの法をせりとぞ。

「沈んだ水死人の上では必ず鶏が啼く」とか「鶏を舟に乗せていけば、水死者が必ず浮いてくる」などという俗信は古くからあったもので、謡曲などにも取り入れられている。世阿弥の作だと伝えられる「舟橋」もその一つである。

舟橋の粗筋は

佐野の辺りに、舟橋を渡って女の許に通い続ける男がいた。女の親がその男を嫌って橋板を取り外した。それと知らぬ男は踏み外して水死する。待っても来ぬ男を探しに来た女もまた落ちて死んだ。水死人の上では鶏が鳴くという言い伝えをきいて、鶏を探したが、佐野には鶏がいなかった。だから二人は浮び上がることができず、地獄に落ちて鬼に責めさいなまれていた。しかし結局は山伏の法力によって成仏する。

というものである。

鶏と水、または水死者・土左衛門とがどのような関係になるのか明確ではないが、鶏は土左衛門の存在を知らせ、またそれを浮き上がらせる呪力を持っていると広く信じられていたのである。

長者伝説の一つに、金の鶏を埋めたという話が各地にある。

阪和電車の府中駅から奥へ二十丁入った黒鳥山といふのがある。ここに王塚といふ濠をめぐらした円墳がある。この円墳で正月元日の朝、金の鶏がなくといふ。王塚の近くに大木といふ所がある。大きな木があったのだといふ。そこへ金を千両埋めた坊さんがあって、歌をよんだ。

朝日照り夕日かがやく大木の下
　　小判千両後の世のため

といふのがそれである。恐らくこの金が王塚にあるんだろうと里人はいふ。

また王塚から北へ一里、信太山演習場の北端、鳳中学の西に荒塚または黄金塚といふのがある。ここでも正月元日に黄金の鶏がなくといふ。（宮本常一「旅と伝説」一三巻五号）

という類の話である。

松浦静山の『甲子夜話《かっしやわ》』続編巻一三の熊坂長範の項に、金売吉次に関連して次のような金鶏伝説が紹介されている。

奥州栗原郡三の戸畑村（現栗原市）の中に鶏坂と云ふあり。此の所よりさきの頃、純金の鶏を掘り出しけることあり。其の故を尋ぬるに、この畑村に、昔炭焼藤太と云ふ者居住す。その家の近きより砂金を拾い得たり。因て遂に富を重ぬ。故に金を以て鶏形一双を造り、山神を祭り、炭と倶に土中に埋む。因てその所を鶏坂と云ふこと、貞享三年の印本『藤太行状』と云へるに載りたりと。又文化十五年の四月、その処の農夫砂金を拾はんため山を穿《うがち》しに、岸の崩れより一双の金鶏を獲たり。重さ百銭目許《ばかり》にして、山神の二字を刻《ほ》りつけ有りける。この藤太は近衛院の御時の人にて、金商橘次、橘内、橘六が父なりと。

これらの長者と鶏、黄金と鶏の関わりが明確に説明できるわけではないが、この類の金鶏伝説も、また、広く各地に伝えられているのである。

赤子が夜泣きをしたら鶏の絵を描いて戸口に貼る。そうすると

酉の絵馬（左・千葉県長生郡、右・埼玉県川越市の荒神絵馬）

夜泣きが治る。

という俗信がある。このような鶏の絵は現在ではまったく見掛けなくなったが、荒神の祠などに鶏の絵馬を奉納しているのは現在でも見ることができる。

名古屋市の天寧寺に祀られている清洲越しの三宝荒神のお堂には土製の鶏と鶏の絵馬がたくさん奉納されていた。安産祈願や入試合格などと祈願の内容にはさまざまなものがあったが、子供の夜泣き封じを祈願したものが大半を占めていた。ここでは女性が雄鶏を、男性が雌鶏を奉納するとか、祈願のときに雄鶏を上げ、祈願成就のお礼に雌鶏を奉納するなどといわれている。これらは鶏が夜は鳴かないということにちなんでの呪いであるという。

鶏が夜鳴き（宵鳴き）をすると凶事がある

夜鶏が鳴くと火事になる

夜鶏の鳴き真似をすると火に祟られる

などという俗信が各地に伝えられており、火を司どる神、台所の神として信仰されている荒神さまに鶏の絵馬を奉納するところは多いのである。

戌・犬

十二支の第一一位は戌（ジュツ）である。動物では犬が当てられている。

犬（イヌ・イエイヌ）は哺乳綱食肉目イヌ科イヌ属の一種である。さらに詳しくいえば、イヌ属はジャッカル、シメニアジャッカル、イヌの三亜属に分類され、イヌ亜属はオオカミ（タイリクオオカミ）、ニホンオオカミ（ヤマイヌ）、アメリカアカオオカミ、ディンゴ、イヌの五種に分けられている。つまりイヌは、イヌ科イヌ属イヌ亜属イヌということになるのである。このイヌが、人によって家畜化された最古の動物であるということはよく知られているところである。

イヌ亜属の野生種は、イヌに最も近い形質を持っており、いずれもイヌと交配して、妊性（子どもをつくる能力）のある雑種を産むことができる。そうしたこともあって、イヌの先祖は一種ではなく、オオカミやジャッカルなど複数の種であるという多源説がこれまで唱えられてきたが、現在ではイヌのさまざまな形質がジャッカルよりも、オオカミに類似している点が多いということから、オオカミ単源説が有力になっている。しかし、いまではすでに絶滅してしまった種ではないかという意見もあって、まだ完全に決定しているわけではないようである。

動物学者の今泉吉典氏はイヌの原種はディンゴかそれに似た野生の絶滅種で、その家畜化は東南アジアだろうと考えている。家畜化されたイヌは、人の移動に伴って各地に広がり、オオカミやジャッカルの多い地域では、それらと混血し、多様化したものであろうというのである。

ちなみに現在世界中で飼育されているイヌは四〇〇種以上にもなるという。

イヌは世界中に最も広く分布している家畜で、イヌを知らなかった民族はヨーロッパ人と接触する以前のタスマニア島民とアンダマン島民くらいであろうといわれているほどである。K・ローレンツは、人とイヌはすでに五万年前から共生関係を持っていたのだと、その著『人・イヌにあう』に記している。

日本の犬の起源はどこに

考古学的な遺物では、イラクの旧石器時代の遺跡であるパレヤウラ洞窟からは約一万二〇〇〇年前のイヌの骨が出土しており、アメリカのアイダホ州のジャガー洞窟からは一万年から一万七〇〇〇年前の犬骨が発見されている。また、アラスカのオールド・クロウ河付近で発見された犬骨は、少なくとも二万年前のものだと推定されている。アラスカやアメリカなど新大陸で発見されたイヌの骨は、新大陸で独自に家畜化されたものではなく、アジアからベーリング海峡を越えて渡っていったモンゴロイド系の人びとが伴っていったものであろうというのが、これまでの説である。

イヌは古くから人と共生関係を持ち、家畜として人の暮らしに大きな役割を果たしてきた動物なのである。

日本の狩人や杣人《そまびと》などが山小屋をつくる場合、戸外に設ける便所の底は抜くものだと伝えている。底をつけておくと小便などが溜り、それに含まれる塩分などを嘗めにヤマイヌ（オオカミ）がやってくるからだというのである。野生のオオカミも人里に近づく習性を持っているのである。近縁種である野生種のイヌも人の食べ残しなどを求めて、人の周辺を徘徊することが多かったに違いない。そうした野生種が飼い慣らされ、家畜としてのイヌになったのであろう。

イヌは四肢の長い体形から、走力に長け、長時間の疾走に耐える力を持っているし、人間の数万倍にもおよぶといわれる嗅覚を持っており、獲物の発見や追跡に優れた能力を発揮することは周知のことである。また、飼主に対しては従順で、その命令には絶対といってよいほど服従し、その敵に対しては果敢に向かっていく習性を持っている。飼育しやすく使役しやすい動物なのである。人はイヌのこうした能力・習性を利用して、番犬、猟犬、救助犬、警察犬、盲導犬、牧羊犬などとしてさまざまな分野に活用してきたのである。

御嶽山護符（東京都青梅市）

日本でも、縄文早期の遺跡である神奈川県横須賀市の夏島貝塚や愛媛県美川村（現久万高原町）の上黒岩岩陰遺跡から犬骨が出土しており、新石器時代にはすでにイヌが飼育されていたことがわかっている。上黒岩遺跡から出土した二頭のほぼ完全な犬骨は、明らかに埋葬した状態の日本犬であったという。一般に日本犬と呼ばれているイヌは、立ち耳、巻き尾または差し尾を持った日本土着犬の総称で、秋田犬、北海道犬、紀州犬、四国犬、甲斐犬、柴犬の六種だとされている。この他にもチン（狆）、土佐犬（土佐闘犬）、日本テリア、日本スピッツなどが日本を原産国とする品種として知られているが、いずれも外来種との雑種交配によって作り出されたもので、日本犬の範疇には含まれていない。

チンは、奈良時代に中国から渡来したペキニーズ、パグなどを原種として作出された日本独特の愛玩犬で、江戸時代には上流の武家や町人に好んで飼育され、流行したものである。近代以降、その飼育は停滞し、現在ではむしろイギリスなどに名犬といわれるものが多く産出されるという状況になっている。また、土佐犬は、幕末頃から中型の日本犬である四国犬にブルドッグ、マスチフなどの大型洋犬を交配して作出した大型犬で、力が強く、忍耐心に富み、飼主に対してすこぶる従順であることから護用犬としても優れているが、闘犬として作出、飼育されることの多い種である。土佐地方は昔から闘犬の盛んなところであった。

日本にもニホンオオカミ、北海道にはエゾオオカミなどの近縁種が棲息していたのであるが、これらは日本犬の先祖とは考えられていない。日本犬も人の移住にともなって渡来したもので、主として猟犬として飼育されてきたものなのである。

マタギ犬と狩人

日本でも古くからイヌは飼育されていた。前にも触れたように、縄文早期の上黒岩岩陰遺跡から埋葬状態で発掘されたイヌの骨は、日本犬のものだという。人の移住とともに渡来してきたイヌが、この列島の中で飼い続けられていき、そして日本犬ができ上がっていったのであるならば、それは短い年月ではなかったに違いない。考古学的な遺物によって証明されるはるか以前から、日本列島の住民と、いわゆる日本犬とは親しい関係を持っていたに違いないのである。

日本犬は外国犬に比べると仕込むのがむずかしいといわれており、現在の狩人たちは、訓練しやすい外国犬も多く使うようになっているという。しかし、上手に仕込まれた日本犬は、忠犬ハチ公の話で知られているように、飼主に忠実に従うだけではなく、飼主の意を汲んで、人にも及ばぬような行動をすることもあった。窮地に追い込まれた狩人が連れていたイヌの機転によって救われたという話は少なくない。

秋田県大館市十二所葛原に老犬神社という神社がある。祭神はシロという名のマタギ犬である。この老犬神社の由来には、マタギ犬の美しくも哀しい物語が秘められている。ちなみにマタギというのは、東北地方の言葉で狩人のことである。熊や羚羊《かもしか》、鹿などの獣の多い奥羽山中には、狩猟を生業として暮らしを立ててきた狩人・マタギがたくさん住んでいて、いくつもの村をつくっていた。彼らは猟期になると、単独または集団で山に入り、仮小屋をつくったり、また雪中に野宿をしながら、広い範囲を獲物を求めて移動しつつ猟をする「山に生きる人びと」であった。彼らにとっては、イヌは欠くことのできない伴侶であったのである。秋田マタギたちの間には、猟の成果を決めるのは「一犬、二足、三鉄砲」であるといい伝えられている。したがって、イヌは大事にし、家族同様に可愛がっていたものである。

それはさておき、老犬神社の由来に話を戻そう。江戸時代、南部三戸領に属していた秋田県鹿角郡草木村

（現鹿角市）に定六というマタギが住んでいた。シロは定六の飼っていたマタギ犬である。定六は、近在でも知られた名マタギで、殿様から「領内のどこでも狩猟を許す。他国に出かける時は、関所でこの証文を見せれば通行を許可する」というお墨付きを貰っていたのだという。慶長九（一六〇四）年と伝えられている。シロを連れて猟に出た定六は、大きなイノシシを追っているうちに、峠を越えて青森県三戸郡内に入り込んでしまい、そこのマタギに見つかって捕らえられた。間の悪いことに大事な巻物（お墨付き）を家に忘れてきていた。身の証しができないまま、代官所に突き出され牢に入れられてしまった。このとき、シロは急ぎ家に戻り、巻き物をくわえて代官所に駆け込んだのだが、定六は処刑された後だった。未亡人になった定六の妻は、愛犬のシロを連れ、知り合いを頼って十二所に移り住んだが、間もなくシロは行方不明になり、死体で見つかった。老犬神社は、そのシロの死を悼んだ村人が祀ったものだという（長田雅彦『最後の狩人たち』より）。

これに類した話は、伝説として日本各地に少なからず伝えられている。

播磨国（兵庫県）書写山の奥に犬寺と呼ばれる伽藍がある。犬寺の由来は次のようなものである。

その昔、播磨国に一人の牧夫がいた。この男は蘇我入鹿の従者であったというから、時代は七世紀前半頃である。その牧夫の妻と密通をした下男が、主人を殺そうという悪心を起こして、鹿や猪がたくさん集まるところを知っていると偽って、猟に誘い、山中深く連れ込んだ。牧夫はその企みに気づいていたのか、日頃可愛がっていた二頭の犬に、糧を与えて「自分が死んだら屍をくわえていくように」といい聞かせた。害意を悟った二匹の犬は、ただちに下男を噛み殺し、主人の危機を救った。家に帰った牧夫は不義の妻を追放し、二匹の犬を我が子と思って慈しみ、財を譲ろうと考えていたのだが、犬の方が先に亡くなったので、伽藍を建てて供養をし、冥福を祈った。

名古屋市中区古渡町にある犬堂は、江戸時代の寛文（一六六〇年代）の頃、尾張の殿様が猟の途中、疲れて木陰で休んでいると、連れていた愛犬が、しきりに吠え、いくら叱っても止めないばかりか果ては衣の袖をくわえて引っぱり、離さない。余りのことに殿様は癇癪を起こして、佩刀《はいとう》を抜いて犬の首を刎ねた。すると、その首は飛び上がって、梢の上から殿様を狙っていた蛇に喰らいつき、嚙み殺した。自分の危難を救わんとした愛犬の真意を知った殿様は、自分の短慮を悔い、供養のために犬堂を建てた。

これと同様の話は『今昔物語』にもあるし、各地にある犬塚に因んだ伝説も多くが、この種の話で、犬の発する危険信号を解き得ない人間の愚かさを物語っている。

徳島県三好郡池田町（現三好市）松尾は、渡瀬佐久という人によって拓かれた村だといい伝えられている。ここにも犬塚があり、次のような話が伝えられている。

昔、渡瀬佐久が村を拓くとき、獣の害に悩まされ、容易に開拓が進まなかった。そこで佐久は、八頭の犬を飼い馴らし、田畑を荒す悪獣千疋を喰い殺したら、神として祀ろうと約束した。犬たちの活躍によって獣は退治され、開拓は進んだが、佐久はその約束を果たさなかった。怒った犬たちは渡瀬佐久を攻めた。佐久は松の木に登って逃れ、犬を捕らえて松の木につなぎ、打ち殺してしまった。しかし、後の障りを恐れた佐久は、犬の死骸を埋めて犬塚を築いた。今はなくなったが、犬繋ぎ松という松の老木もあったという。

後年になって佐久は山入りして生き神となったとも伝えられている。

日本人と犬神

徳島県三好郡池田町の渡瀬佐久は犬塚をつくった。それは自分が打ち殺した犬の障り、つまり祟りを畏れて、その冥福を祈り、供養をしたということである。しかし、後年になって山に入り、生き神になったというのであるから、殺された犬の怒りは鎮まらなかったのであろう。具体的に犬の祟りだと思われるような怪異があって苦しめられたのか、単に自分の行為を後悔する心情から出たものなのか、伝説はなにも語ってはいない。しかし、日本人は、犬を殺した、その犬を埋めて塚をつくった、そして後に山入りして、生き神になったというだけで、佐久の行動、殺された犬の霊と佐久をめぐるさまざまな現象が、なんとなく解ってしまう、そういう心情を持っていたのではないだろうか。

伝説や昔話などは、すべてを納得できるように説明してしまわなくともよいのである。お互いに解りあえる世界の中で語られ、そして伝承されてきたのである。

山入りするということは、単に隠遁するということではない。修験者・山伏の峰入りと同様、神のいます聖なる場である山に籠って修業をすることを意味している。そして生き神になったというのであるから、厳しい修業を経て、ある境地、いうなれば霊能力を獲得したということがうかがえる。一般に生き神というのは、絶対的な信仰の対象として生前から神として崇められる新興宗教の教祖のような人のことであるが、

虫封じの犬（京都の伏見人形）

ここでいう生き神は、霊能力を身につけたシャーマン・呪術者のことであろうと思われる。

人は特別の修業をすることによって、神がかりの状態になり、神のお告げを聞き、それを他人に伝えるといった霊能力を身につけることができる。行者、拝み屋、巫女《みこ》などと呼ばれる民間宗教者の中には、生まれながらにして神の声を聞くことのできる感性を持った人もいるが、訓練を受け、修業することによって能力が開発される人もいるのである。シャーマンや呪術者となるにはいくつかのタイプ、方法があるのだが、それはここでの主題ではないので、これ以上は触れない。

犬の霊が人について悪さをするということはあったらしい。これを犬神といった。

『和訓栞』には、「犬神の義四国にあり。甚《はなはだ》人を害す。犬蠱《けんこ》也。捜神記に見ゆ」と記されている。また、伴蒿蹊の『閑田耕筆』には「九州には犬神つかひといふもの有り。犬の霊を祭りて使令すと伝ふ…」とある。ところで『捜神記《そうしんき》』というのは、中国六朝時代に干宝《かんぽう》によって著されたもので、当時語られていたさまざまな不思議な話を集めた、いわゆる志怪小説《しかいしょうせつ》と呼ばれるものの一つである。日本には早くに伝来していたようで、養蚕の起源と関連して語られている馬娘婚姻譚など民間説話の中には『捜神記』に収録されている話と関連するものがいくつもある。犬蠱の話は、その第一二巻に載っている。

江西省の趙寿という人は、犬蠱を持っていた。余相伯という人の妻が寿の妻といっしょに食事をしたところ血を吐いていまにも死にそうになったが、桔梗を刻んで飲んだら快癒した。蠱の毒の中には、妖怪のような化物がいる。その化物は形もさまざまに変化するし、種類も雑多であって、犬や豚になることもあれば、虫や蛇になることもある。蠱を使う妖術師も、それがどのような形をしているかは知らない。ただ、それを人に向かって使うと、狙われた者は一人残らず死んでしまうのである。

ところで『和訓栞』は犬神について「犬蠱也」といいきっているが、これを素直に読むかぎりでは、犬の霊というわけではなく、蠱という人間に害をおよぼす魔物が犬の姿をしているもので、いわゆる日本の犬神とは幾分性質を異にしているように思えるのだが、どうだろうか。ともあれ犬神は人に害をなす恐ろしいものだと信じられていたのである。

犬を象った人形　葛畑土人形（左、兵庫県）、稲畑人形（右、兵庫県）

本居内遠《うちとお》は『賎者考《せんじゃこう》』で、犬神という術は昔はあったというが、今はその術を使う術士があるということも聞かないと記しつつ、しかし「猛くすぐれたる犬を多く嚙合せてことごとく他を嚙殺して残れる一匹の犬を、生きながら地中に埋めて頭のみを出し数日飢渇に苦しめて、前に魚飯をかざり見せて他念なからしめたる上にてその魚食をあたへ喰はしめて、やがてその頭を切て、筐に封じ、残れる魚食をくらへばその術成就す」ると伝えられていると、田舎の老人から聞いたという話を紹介している。犬神使い、あるいは犬神の術というのは、犬を飢えさせてその首を切る、そうすると、その犬の怨念が、その人に憑き、憎いと思う人を病気にし、死に至らしめるというのである。苛《さいな》め苦しめた人に、霊力を与えるというのは道理にあわない話であるが、どうも妖術というのはそういう性格を持っていたものらしい。だから妖しいのである。

中山忠義の寛文一〇（一六七〇）年の著作『醍醐随筆』は、犬神について、

犬神をもちたる人、誰にても憎しと思へば、件《くだん》の犬神忽つきて、心身悩乱して病をうけ、もしくは死するといふ。いかなる道理と問へば、先其国の人、犬神といふことを常に聞きなれて恐ろしく思ふ故、外感、風邪、山嵐、瘴気《しょうき》の病の熱甚しく心身くるしき時は、例の犬神よと、病人も病家も思ふ故に、犬神の事のみ口ばしり、ののしるを、さればこそと騒ぎ物して、山伏ようの者数々むかへて祈禱すれば、あらぬことのみいひこしらへて、させることなき病者も死する人多しと、彼国にすみけるくすしの語りけるは、むべも有なむとおもふ

と記している。妖術といい、迷信というものはまさに、そういうものであろう。そう思う人の心が作り出す、妄想の産物である。犬神などという妄想は、何万年もの昔から、よき友として影の形に添うごとく人ととも

にあったイヌにとって迷惑至極なものであったに違いない。

安産・子育ての守護としての犬

犬はお産が軽く、しかも生まれた仔犬もよく育つということで、昔から安産・子育ての呪いとして用いられてきた。

妊娠して五ヶ月頃になると産婆さんや近親者を招いて帯祝いをし、岩田帯と呼ばれる腹帯を締めるのは広く全国に見られる習俗である。その祝いは妊娠五ヶ月目に入ったはじめの戌の日に行なうというのも一般的である。さらには、帯を締めるのは戌の日の戌の刻にするという丁寧な家もある。そしてこの腹帯には「寿」という字を書くことが多いのだが、同時に「犬」という字を端に書いたりもするのである。単なる迷信だとか俗信にすぎないといってしまえばそれまでであるが、出産は女性にとって、たいへんな苦痛をともなう一大事であるばかりでなく、家にとっても子孫繁栄の基盤になる大事な出来事であるだけに、妊婦の健康と胎児の健やかな成育を願う気持ちは強いのである。特に医学も衛生観念も進んでいなかった時代には、妊娠・出産・子育ては、たいへんな苦労を伴う重大事であり、場合によっては命に関わることもあったのである。それだ

成育祈願の小絵馬（埼玉県川越地方）

けに、当事者である女性も、周囲の人びとも藁にもすがる気持ちでさまざまな呪いや祈願に頼ってきたのである。現在でも、子授け・安産・子育てに関係した信仰は各地にある。東京では人形町の水天宮が有名で、現在でも岩田帯を受けるために参拝する人は多い。特に、戌年・戌の月・戌の日には多くの人で賑わっている。

　安産・子育てに関する呪いの中で「犬」に関係するものを『日本産育習俗資料集成』から拾い出してみると以下のようなものが目につく。

旧暦一二月に犬の糞を拾って何かで巻き懐に入れておくとお産が軽い（岐阜市）。

妊娠中犬や猫や牛などが交尾しているのを見るとお産が軽い（岡山県小田郡）。

犬の糞を寝床の下に入れておくと安産する（山口県吉敷郡）。

妊婦が犬を可愛がるとお産が軽い（香川県木田郡）。

戌の年生まれ、戌の月生まれの子守が最もよい（神奈川県）。

男の子が丈夫に育つといって、男子には玩具に狗子《くし》を与える（福島県など）。

現在まで伝えられている伝統的な玩具、郷土玩具の中で犬を型どっ

津軽の犬の絵馬（青森県弘前市八幡宮）

た張り子細工、いわゆる犬張り子や土犬の類は数も多く、各地で作られている。中でも犬の立ち姿を模した犬張り子は、江戸・東京の代表的な玩具として知られていた。

江戸の犬張り子が普及するのは江戸時代も中期以降のことだといわれている。男の子は三一日目、女の子は三三日目に行なう産土様への宮詣りのときに、この犬張り子にデンデン太鼓を生麻《きあさ》で結びつけたものを母の実家や親戚知人がお祝いとして贈る風が盛んで、東京都内だけでも一〇軒くらいの製作者があったという。また、浅草の仲見世では頭に小さな目笊を乗せた笊被り犬と呼ばれる小型の犬張り子が有名で、現在も売られている。この笊被り犬の鼻に紙縒《こより》を通して幼児の寝ている部屋に吊るしておくと、鼻詰りにならないといわれている。また、竹（笊）に犬で「笑」になるともいい、子供がむずからぬ呪いになるのだといわれたりもしている。いずれにしろ、子供の健やかな成育を願ってのものである。この笊被り犬は江戸独特のもので、関西では東犬《あずま》と呼ばれている。

いわゆる玩具としての犬張り子などの出現は、近世になってからのようであるが、その源流は平安時代にまで遡るとされている。平安時代、宮中の清涼殿では、穢れや禍いを除く祓いの具として御張台の傍らに狛犬の像を置いていたが、これが後の犬筥《はこ》や犬張り子につながるというのである。

犬筥というのは、室町時代に貴族など上流階級の間で産所に飾られた祓い具の一つである。『故事類苑』所収の「伊勢家秘書誕生之記」によると、

第十四　あまがつ並びに犬箱

一　あまがつとは、ほうこの事なり、二三歳の子程にして、衣裳をして、子の伽におくなり、魔の魅入

れざる祈念の為なり、あまがつ一つなり。
一　犬箱も伽にあるべし。

とある。「伽《とぎ》」は「寝ているかたわら」といった意味で、子供の枕元に置いたのである。これを「お伽犬」ともいった。

あまがつ（天児）、ほうこ（這子）は人形である。これは単に玩具としての人形ではなく、産所の魔を祓い、子供の身にふり掛かる悪事災難を身代わりとして負うものと考えられていた。犬筥も天児と同じ役割を持ったものと考えてよいと思われる。

また同じく『故事類苑』所収の「御産之規式」は、犬箱について、

犬をはりこにしたる箱なり、是も若子の御傍に置く也、一対の内、一つは男犬、口をあかず、一つは女犬、口をあくなり、大サは長さ一尺貳寸計なり、こしらへ様は張子師の知る事なり、此の筥の内へは、（女犬ニ入る也）はなしねの緒、むすびの糸、又は、（男犬ニ入なり）寺社方より参らせたる守り札を入れて、若子の御そばに置くなり。

江戸の犬張り子　（左）デンデン太鼓を背負った犬張り子、（右）笊被り犬

あまがつも、犬箱も、男子のは十五歳の時、産土神の社に納るなり、女子のは、よめ入の時も、老年になり給ふ迄も、身にそへて何方へ行き給ふにも、御めしの輿の内に入らるるなり、よめ入の時も、あたらしく作り替る事なし、ふるきままにて用るなり。

と記している。

このような犬たちも、単にお産が軽いからそれにあやかってといった意味だけでなく、清涼殿に置かれていた狛犬のように、魔を祓う力を持っていたのである。

ヤマイヌ封じの行事

ヤマイヌといえばオオカミのことである。

最初にも述べたようにイヌとオオカミは近縁の種で、形態もよく似ているから、まったく別のものとは考えていなかったのであろう。事の正否は保証の限りではないが、オオカミの仔を捕らえて、飼い馴らして猟犬としたなどという話は巷間にいくつも伝えられている。

現在、ニホンオオカミは絶滅したということになっている。しかし、かつては日本の山野にはヤマイヌ・狼がたくさん棲んでおり、人や家畜が被害を受けることも少なくなかったのである。

町に出かけた人が、魚を買って暗い夜道を帰途につくと、後からヒタヒタとヤマイヌがついてくる。振り返ると飛びかかられるといわれているので、魚を一匹ずつ後に投げて与え、家に着いたときには折角の魚がなくなってしまっていた、などという送り狼の話は、祖父の夜話の一つとしてよく聞かされたものである。送り狼は門口までついてくるのだという。そんな話を聞いた後は夜の外出は恐かったものである。

柳田國男は『遠野物語』で次のようなオオカミの話を紹介している。

小友村の旧家の主人にて今も生存せる某爺という人、町より帰りにしきりに御犬の吠ゆるを聞きて、酒に酔いたればおのれもまたその声をまねたりしに、狼も吠えながら跡より来るようなり。恐ろしくなりて急ぎ家に帰り入り、門の戸を堅く鎖して打ち潜みたれども、夜通し狼の家をめぐりて吠ゆる声やまず。夜明けて見れば、馬屋の土台の下を掘り穿《うが》ちて中に入り、馬の七頭ありしをことごとく喰い殺していたり。この家はその頃より産やや傾きたりとのことなり。

この話などは、ヤマイヌの恐ろしさを伝えると同時に、その鳴き声を真似るといった不遜な行為を戒める意味もあったのではないかと思われる。「産やや傾きたり」といった表現は、馬を襲うというヤマイヌの直接の恐怖だけでなく、それを超えた力を持っていることを示しているのだろう。

ヤマイヌ・狼は稀な存在ではなく、山近い村里では、身近に出没し、害をなす恐いものであったから、それを除けるための行事がいくつもあった。

岩手県和賀郡、紫波郡あたりでは、正月一五日の夜明けにトリオイの行事を行なうが、それと同じ時刻にオイヌボイというオオカミを追い払う行事をする村があったということである。法螺貝や桐の木でつくった貝を吹いたりするという程度で、唱え言などは伝えられていないのだが、昔はもっときちんとした行事次第があったのであろうと思われる。

また、青森県下北郡東通村尻労《しっかり》ではオイノナガシといって、猪形の餅二個、犬形の餅四個をつくり、板に載せて祭り、終わると川に流したという。尻労では猪の害を防ぐために行なったものだと伝えているが、その名称や餅の数からみて猪よりもむしろヤマイヌの害を防ぐ目的が大きかったであろうことは容易に推測できる。

また、岩手県遠野地方では、小正月のオンナノトシトリの日に道具の年取りをし、囲炉裏にカギハナサマノモチ、納屋にヨメゴノモチを供えるが、昔は、その他に、オイヌノモチをこしらえてオイヌ・狼に供えたという。オイヌノモチは藁苞《わらづと》に切餅を包んだもので、山の麓まで持っていき、木の枝に吊るしたものであった。これも岩手県の例であるが、上閉伊郡地方では、田植終わりに高室山の夫婦岩の下に行き、お神酒を供えて祝ったが、これをオイヌイワイといった。

群馬県六合《くに》村では山のめぐみと山仕事の安全を司る十二様の祭を五月に行なう。重要な供物は赤飯である。ヤマイヌは小豆を食べると鼻がきかなくなって人を襲えなくなるから赤飯を供えるのだと伝えている。しかし、その日には、山の神の軸を各家で必ず掛けたものだという。その軸には、山の神の足元にヤマイヌが描かれていた。ヤマイヌは恐怖の対象ではあるが、同時に、山の神のお使いとも考えられていたからである。ヤマイヌは人畜に害を与える恐ろしいものであるから、追い払ったり、流したりするのであるが、それだけではなく、強い力を持ったものとして畏れ崇め、神として祀りもしたのである。

今では稀になってしまったが、三多摩や秩父地方の村々では、玄関先や蔵の入り口にオイヌサマのお札を貼っている家が、かつてはたくさん見かけられたものである。一九五頁の挿図として掲げたものはその一つで、青梅市の御嶽《みたけ》神社のお札である。同様なお札は秩父の三峰山神社でも授与しているし、静岡県水窪町（現浜松市）の山住神社にもある。

御嶽山のものは「武藏國　御嶽山　大口真神」とあり、その下に狛犬様に座したオイヌサマの絵が摺られている。一般にオイヌサマで知られているが、眷属《けんぞく》とか御眷属などともいわれている。

このお札は、それぞれの神社で個々の参拝者に授与しているが、御嶽講や三峰講などの講が組織されているところでは、毎年代参者が参拝して受けて来て、講中の家々に配るのが一般的であった。また、御師が各檀家をまわって、お札を配り、初穂・供物を集めていくこともあった。御師が檀家まわりをするのは節分の頃で、その頃になると家々では「オイヌサマを借りる時期が来た」と心待ちにしていたものであるという。

オイヌサマのお札は盗難除け、災難除けに効験があるとされており、家や蔵などの入り口に貼ったものであるが、それだけではなく作物の荒されるような畑には、このお札を板に貼り、それに杉の葉を逆さにつけて畑の中に立てておくこともあった。

「花咲爺」を読む

隣の爺系と呼ばれる一群の昔話がある。

隣あって住んでいる二人の老人がいたが、一人の方は善良な爺と婆の夫婦で、もう一人は強欲な爺と婆であったという設定で話が進められるものである。関敬吾氏の分類によると「瘤取爺」「雁取爺」「舌切雀」「地蔵浄土」「鼠浄土」「花咲爺」などがそれに含まれる。

「花咲爺」は、最後に灰をまいて花を咲かせる場面があるのでこのような名が付けられているのだが、その中心は、むしろ犬と善良な爺の物語である。

富山市に伝えられた話は次のようなものである。

昔、あるところに、爺と婆がいた。ある日爺は山へ柴刈りに行き、婆は川へ洗濯に行った。すると、川を大きな桃が流れて来た。婆は、その桃を拾って帰り、臼の中に入れておいた。

爺が帰って来て臼をみると、可愛い小犬がいた。そこで、二人は、その犬を大切に育てることにした。

この冒頭は「桃太郎」と同じである。川という異次元世界との接点で獲得した「桃」であり、また、臼という強い呪術性を持った道具が関わっている点からみて、桃太郎の場合と同じく、異常出生譚としての展開が期待されるところである。

なお、この部分は、小さな箱・香箱の中に犬が入って流れて来たとか、魚を捕るための仕掛けに犬が入っていたとか地域によってさまざまである。また、香川県三豊郡や福岡県鞍手郡には、海神から犬を貰ったとする話も伝えられている。

土人形・まり犬（青森県弘前市河原）

人びとは、桃から変身した犬に、異次元からの来訪神の姿を見ていたといってよいであろう。

犬は大きくなった。ある日、犬は、自分に鞍とカマスと鍬を付けさせて山へ入った。爺は、可愛いお前に鞍やカマスを付けるのは嫌だといったが、犬はかまわないといって付けさせた。そして、爺は犬の後をついて行き、犬の指示に従って山を掘った。すると、大判小判がたくさんに出てきた。

家に帰った爺がそれを数えていると、隣の婆が火を借りに来た。一部始終を聞いた婆は、犬を借りて帰った。

特別な誕生は、当然、驚異的行動と連動する。鬼を退治する桃太郎はいうまでもなく、竹から生まれたカグヤヒメは天上へ飛翔したし、親指の腹から生まれた一寸法師は鬼を征伐して富裕になるなどさまざまに語られている。

犬を借りて来た隣の家でも、犬は同じように鞍やカマスや鍬を付けさせようとした。その時、隣の爺と婆は、お前に付けようと思っていたといった。そして、爺は犬に乗って山へ入り、犬に教えられて山を掘った。すると、大蛇や百足《むかで》や蛙が出てきた。怒った隣の家の爺は犬を殺し、埋めた所に柳を挿して帰って来た。

隣の爺が掘ったときに出てきたものは、馬の糞や牛の糞、あるいは、かた糞・びた糞などという場合もある。汚いものが出てきたというだけの地域もあり、この場合は、糞を汚いものの代表と考えているようである。

また、挿してくる木を松にする新潟県長岡市や佐渡などの例もあるが、単に木の下に埋めるという話も各地に見られる展開である。また、そこから榎が生えたとする大分県竹田市などの場合もある。

犬を殺してしまったという話を聞いて驚いた爺が山へ行ってみると、柳の木は一晩で大木に成長していた。そこで、その木を伐り、碾臼《ひきうす》を作った。その臼を碾くと大判小判が出てきた。

それを知った隣の爺と婆は、また臼を借りて行った。ところが、今度は馬糞や牛糞が出てくるのだった。怒った隣の爺と婆は、臼を囲炉裏で焼いてしまった。

もちろん、犬を埋めた所に根付いた木であるから、その木は犬の性を引き継いだものであるに違いない。柳や松は代表的な依代である。それが一夜で大木に成長しているのであるから、その木で作った碾臼が奇跡を起こすであろうことは容易に想像できる。

そして、この犬は死後も爺に富を授け続けるのである。

爺は焼けた臼の灰を持って帰った。木に登ってその灰を撒くと、桜の花が梅の花に変わった。通りかかった侍が銭を置いていった。隣の爺が、また、真似をして灰を撒くと、侍の目に入って怒られた。

だから人真似はしないもんだ。

ここで富山市の「花咲爺」は終わる。

もちろん、絵本で知られているように、枯れ木に花を咲かせて殿様から褒美を貰うという結末を伝えている地域も多い。

桜の花を梅の花に変えるという設定は、梅の花が、『万葉集』の時代には、春の花として強く意識されていたことの反映であろうと思われる。『万葉集』には梅を歌った歌が多く、数の上では、秋の萩に対して春の梅といわざるを得ないほどである。この頃の梅は、雪に紛《まが》うほど白い白梅であった。その白さが神聖さを意味していたと考えられる。

単に花が咲いたとする場合は、当然、そこに桜の花を見ているといってよいであろう。桜の花が神聖な花で、一年を予祝する役割を持っていたことはいうまでもない。

「花咲爺」と同系の「雁取爺」の話も各地に伝承されているが、それも犬によって善良な爺が財宝を得る話である。最後が、屋根に登って灰を撒き、雁を捕ることになっている点が異なるが、そこにいたる展開はほとんど同じである。

犬は、善良なる人間を見分け、それに富を授ける存在だったのである。

亥・猪

十二支の最後は亥（ガイ）である。動物では猪が当てられている。

猪は哺乳綱偶蹄目イノシシ科に属する動物である。ユーラシア大陸とその周辺の島々、アフリカ大陸北部に棲息している。北アメリカやオーストラリア、ニュージーランド、南太平洋の島々にも分布しているが、北米やオーストラリアの猪は、狩猟用として持ち込まれた猪の子孫が繁殖したものであり、南太平洋の島々のものは、家畜として入った豚が野生化したものだという。

豚は猪を馴化して肉用家畜としたものであることは周知のことである。豚の祖先種とされている猪は、アジアイノシシとヨーロッパイノシシの二種である。ヨーロッパ、西アジア、中国などで独自に、それぞれの土地に棲息する猪を飼い馴らして家畜としたものだと考えられている。アジアイノシシ、ヨーロッパイノシシは別種だという説もあるが、これらの間では交配によって正常な繁殖力を持った雑種が生まれるので同一種内の亜種だという意見が強い。いずれにせよ現在、世界各地に飼育されている豚の多くは、家畜化されたアジアイノシシまたはヨーロッパイノシシの子孫そのままの純血種ではなく、それらの交雑によって作出された改良種である。

また、豚と猪も交配が可能であり、日本では、その交配種であるイノブタが作出され食膳に供されているのはよく知られているところである。ちなみに、イノブタは第二次世界大戦中から戦後にかけての食糧統制時代に、猪は食肉統制の対象外になっていたことに着目した知恵者が生産したのが始まりで、この人は大もうけしたという。イノブタは豚よりも美味しいという評判を得ているが、イノブタ間の交配を続けるとその味は豚に近づくという。

古くから賞味された猪の肉

家畜としての豚の出現は、中国南部では紀元前八〇〇〇年、西アジアでは紀元前六〇〇〇年頃だと考えられている。雑食性で繁殖力が強い上に、人里近くに出没することの多い猪は、鶏などと同じように家畜化することが比較的容易だったのであろう。

日本人がいつ頃から豚を飼っていたかは正確にはわからないが、古くから飼育されていたであろうことは、古代大和朝廷に隷属した品部の一つに猪飼部《いかいべ》があったことで明らかである。猪飼部は猪（家猪）を飼育し、その肉を朝廷に供する職業者であったとされている。猪飼を職とする人びとが近畿地方を中心に各地にいたであろうことは、猪飼野などの地名が各地にあることによっても推測できる。

家猪は家畜化された猪、つまり豚のことである。これに対して野生の猪は野猪と記されており、一応は区別されているようだが、厳密にはよくわからない。古い時代に豚と猪の区別が、字面からだけでは明確でないのは日本だけではなく中国でも同様だったようで、『大漢和辞典』の著者として有名な諸橋轍次氏も「イノシシとブタの区別は、古くはあまりはっきりしていません」と述べている（諸橋轍次『十二支物語』）。

ともあれ、日本でも古くから豚は飼われており、その肉は朝廷にも供せられていたということになるのだが、後の時代になると、沖縄などの南西諸島を除けば、その飼育は盛んではなかったし、豚肉を食べることも非常に少なかったといっていいようである。早くに豚を飼う技術は入っていたけれども、養豚は一般化しなかったのである。しかし、豚と近縁の野獣である猪は、狩りの重要な獲物の一つとして捕獲され、その肉は食膳にのぼることも少なくなかったのである。

猪飼部に類似した品部の一つに宍人《ししひと》部があった。宍人は『新撰姓氏録考證二』に

宍人は獣肉を調理て、御膳に供ふる職なり、古へは獣をシシとよみ、また猪鹿をもシシと云へり、（中略）古の宍人氏は、膳臣《かしわでのおみ》の別にて、御膳に由縁あれば、其職に仕奉りしものなり

とあることでわかるように、獣肉を調理して奉る包丁人であった。

猪の郷土玩具　**山崎人形**（右・京都府大山崎町）、**倉敷張り子**（中後・岡山県倉敷市）、**きしまやま十二支**（中前・佐賀県佐賀市）、**挽物十二支**（左・鳥取県岩美町）

日本の山野に棲息している猪は、ニホンイノシシとリュウキュウイノシシの二亜種である。ニホンイノシシは北海道と東北の一部、北陸の一部を除く本州、四国、九州に分布している。短足で雪中での動きが鈍くなるということもあってか雪の多い東北、北陸地方には少ない。しかし、縄文時代の大規模集落遺跡として有名な青森県三内丸山遺跡から出土した獣骨の中には猪の骨もかなり含まれており、縄文時代には今より棲息分布は広かったと考えられている。

ニホンイノシシよりも小型のリュウキュウイノシシは、奄美大島、加計呂麻島《かけろまじま》、沖縄本島、徳之島、石垣島、西表島《いりおもてじま》などに分布している。

いずれも雑食性で、キノコ、タケノコ、ワラビの地下茎、ユリノネ、ヤマイモ、クリ、カシ、シイノミなどの植物性のものから、ミミズ、サワガニ、カエル、ヘビ、鳥の卵などの動物性のものまで、その食域は広く、イネ、ムギ、サツマイモなどの作物も好物としている。したがって、その棲息環境は、山地でも下生えが少なく、餌になる動植物の乏しい針葉樹林帯やスギやヒノキ植林地よりも、クヌギ・コナラなどの落葉広葉樹林やカシ・シイなどの多い常緑広葉樹林帯で谷や沢が入り組み適当に湿地のあるところを好んで棲息している。標高の高い深山よりも里に近い山地に多いということになる。

『本草綱目訳義』の猪の項に

此獣山中ニ多シ、ヨク茂タル處ノ谷ニ日中ニ隠テ、夜ハ外ニ出田畠ヲ荒ス、毎夜通ル道ガ定ル故ニ、シシ道ト云テ深山ニ道スジアリ、人ノ通路ノ如シ、形ハブタニ似テ大ナリ

と記されている。夜行性で田畑の作物を荒すことが多かったから、山村の農家はその害を防ぐのに苦労した

ものであった。

椎葉村の猪狩り狩猟儀礼

『後狩詞記《のちのかりことばのき》』という書物がある。これは、明治四一（一九〇八）年七月中旬に宮崎県椎葉村を訪れた柳田國男が、一週間の滞在期間中に案内役であった村長の中瀬淳《すなお》やその他の人びとから聞いた、この地に伝わる狩りの故実をまとめたもので、付録として「狩の巻」という狩猟儀礼伝書が添えられている。「狩の巻」はもと隣村である西米良村に伝えられていたものだが、当時、椎葉村大河内の椎葉氏が買い求めて所蔵していたのだという。

椎葉村や西米良村は熊本県の五木村や五家荘とならぶ九州背梁山地のど真ん中に位置している僻遠山村である。集落は八重《はえ》と呼ばれる山の中腹の小さな段丘の緩傾斜地に点在しており、耕地はその周囲にわずかに拓かれているにすぎない。平地はほとんどなく、村人の主たる生業は山を焼いてアワ・ソバ・ヒエなどをつくる焼畑耕作であった。

この山地は、猪、鹿、アオシシ（羚羊《かもしか》）、モマ（ムササビ）、兎、狸、鼬《いたち》、テンなどの多いところであった。中でも猪がたくさん棲息しており、山中の焼畑は猪に荒らされることが多かったのである。

柳田國男は『後狩詞記』の序文に次のように書いている。

家に遠い焼畑では引板や鳴子は用をなさぬ。わけても猪は焼畑の敵である。一夜この者に入り込まれては二反三反の芋畑などはすぐに種までも尽きてしまう。これを防ぐためには髪の毛を焦がして串に結び付けめぐりに挿すのである。これをヤエジメと言っている。すなわち焼占《やきしめ》である。昔の標野《しめの》、中世荘園の榜示《ぼうじ》とその起原を同じくするものであろう。焼畑の土地は今もすべて共有である。また茅を折り連ねて垣のように畑の周囲に立てること、これをシオリと言っている。栞も古語である。山におればかくまでも今に遠いものであろうか。思うに古今は直立する一の棒ではなく、山地に向けてこれを横に寝かしたようなのがわが国のさまである。

髪の毛などを焦がして畑のまわりに挿しておくと、その臭い匂いを嫌って猪などが近寄らないので、これを立てるといった風習は各地の山村で見られたことであった。ヤイカガシなどといい、カカシ（案山子）に連なるものである。また、共有地を個人的に使用する場合などに、茅などを折って立てて標示とするということも各地に見られた。柳田國男は、平地では汽車が走り、町場には電燈がともる時代となった明治に、椎葉ではそういう古風な習俗と古い言葉が生きて使われていることを知って感動したのである。

もちろん、ヤエジメを立て、焼畑のかたわらに小屋を建て、そこに寝泊まりして引板や鳴子で追っても、それで猪が完全に防げるわけではない。この山地では狩りもまた重要な生業の一つであった。

椎葉村では柳田國男が訪れた頃は、平均して毎年四、五〇〇頭ずつの猪を捕らえていたという。猪は罠で捕ることもあるが、狩り捕るのが主である。狩りには古くは弓矢や槍を用いたのであろうが、近世に入って鉄砲が普及してから後は鉄砲が用いられている。

『後狩詞記』に描かれている狩りも、もちろん鉄砲の時代の狩りである。そしてここで行なわれていた猪狩りは、現在一般にみられる、猟犬を連れた狩人が単独、もしくは二、三人の仲間で行なう狩りだけではなく、集落をあげて行なう集団猟がずっと後まで伝承され、続けられており、そこには多分に古風な狩りの作法や方法が伝えられていた。

この山地で行なわれてきた狩りの次第を眺めると、狩り場であるカクラは神聖な山の神の領分であり、猪などの獲物は山の神から授けられるものであるという山人の思想、信仰が色濃く反映されていることがわかる。

仁田四郎・三春張り子の猪（福島県）

以下では、この山地で行なわれてきた伝統的な猪狩りの様子を、椎葉の隣村である東米良村（現西郷市）の銀鏡《しろみ》を例にして紹介することにする。

狩りをする時期は、現在では一一月一五日から二月一五日までであるが、昔は一〇月一五日から四月一五日までの半年間であった。

大事な狩りは集落の行事として行なわれることが多かったから、各集落には「狩行司」という狩りに関する一切をとりしきる役目の家が決まっていた。これは重い役で、狩人が狩行司の指示に従わず、勝手な行動をするようなことがあると獲物が捕れないし、事故が起こるといわれている。もしそのようなことが起こった場合は、神主を頼んでヤマギヨメの祈禱をしなければならなかった。

解禁日が近くなると、狩行司は集落に触れをだして狩道キリを行なった。

銀鏡には一二の集落があった。そして、山は一二のカクラに分けられていた。集落ごとにカクラが決められていたのである。

カクラは狩倉、鹿倉、神倉などとも書かれており、狩り場のことであるが、焼畑などもそれぞれの集落に属するカクラの範囲内で行なわれていたというから、単なる狩り場というよりは、集落の主要な生産・生活領域でもあったといってよいであろう。

それぞれのカクラの中で狩りをするわけであるが、追い出される猪が通って逃げる道はほぼ決まっていたので、射手はその通り道の狙いやすい場所に待ち伏せて猪の来るのを待つのである。その場所を銀鏡ではマブシといった。狩道キリは、そのマブシに行きやすいように山道を切りあけることをいう。このときに、勢子はセコミチを自分で切りあけたりもしていた。勢子は猪を追い出す役目であるが、よい犬を持ち山をよく知っている元気な人がなったもので、勢子が猪を射止める割合も少なくなかったということである。

銀鏡では、三種類の集団猟が行なわれていた。キヨメガリ、モヤイガリ、コウザキガリである。

キヨメガリは猟が解禁になって最初の狩りである。この日には集落ごとにすべての狩人が参加して神主を招いてヤマギヨメの祈禱をした後に行なうので、山清めの狩りともいわれている。また、キヨメガリで獲った獲物はハツジシといい、銀鏡神社に御贄として奉納したので、オニエガリともいう。現在でも最初の猟で獲った猪は銀鏡神社に奉納する風は続いている。

モヤイガリは、複数の集落が合同して行なう狩りである。場所と日時は狩行司の話し合いによって決められ、全戸から一人以上の男が参加して行なう大掛かりな狩りであった。昔は旧正月中に行なわれる狩りはほとんどがモヤイガリで、単独での狩りは稀であったという。この日には参加者めいめいがお神酒を持ってオタドコに集まり、山の神を祀ってから狩りにかかった。オタドコというのは、獲った猪を解体する場所（家）のことである。

銀鏡神社の御贄として神前に供えられた猪頭

コウザキガリは、猟期の終わり頃に全員が参加して行なう狩りである。獲った獲物はコウザキサマに供えた。コウザキサマというのは狩りの神で各集落に祀られているカクラサマに合祀されているのだが、そのほかにも山中にはたくさんのコウザキサマが祀られている。多くは猪の牙にかけられて不慮の死をとげた猟犬を祀ったものだというのだが、ナナコウザキといって銀鏡神社境内の山宮神社をはじめとする七ヶ所のコウザキサマは特別視されている。コウザキガリの日は、狩行司がヤービ（合火）を切って決めることになっていたのでヤービノカリともいった。ヤービというのは、火を切るときの火花の数によって日を決めることで、火花が三つ出れば、つまり火打を打って三回目に発火すれば、その日から三日目、四回目ならば四日目を狩りの日としたのだという。神聖な火によって神意を問う火占いの一つである。

狩りの日には朝まだ暗いうちにカクラをまわってトギリをした。トギリというのは、猪の足跡を探って、潜伏場所の見当をつけることである。トギリ役は狩行司が指名した。狩りの成果を左右する重要な役目であるから、山をよく知り、猟にも長けた老練者が選ばれた。カクラに着いて最初の仕事はマブシワリである。誰が勢子になり、どのマブシには誰が立つかという役割を決めるのである。近年は話し合いで決めるのだが、役割分担を決めるのも狩行司の大事な権能の一つであった。

また、カクラで狩りの指揮をとる人が必要である。これをイマビキという。イマビキには狩行司があたることが多いのだが、狩行司のいないときには年長者で山をよく知っている人が務める。狩りのときの連絡は、現在ではトランシーバーが用いられているが、かつてはボラの合図であった。ボラというのは竹笛である。竹笛のことをタカウソともいった。竹笛のかわりに薬莢が使われることもあった。笛の吹き様で猪の動きを知らせたのである。

カクラでは声を出すこと、とりわけマブシに立っている射手の名を呼ぶことはタブーであった。山の神が名を呼ばれた射手の弾を外すと信じられていたのである。名前を呼ばれたときには、山の神に「大祭のとき、男根を見せて神楽を舞いますから、どうか弾があたり獲物がとれるようにお願いします」と男根を出して祈念したものだという。もちろん、神楽のときには約束通りに舞った。山の神は女神であって、男根を好むのだという俗信は広く知られているところであるが、男根は生産、豊穣の象徴なのである。

マブシ割りが終わり、それぞれが持ち場について、狩りが始まる。勢子はカクラの下方から猪を追い上げてゆくのだが、合間から逃げられないように隊列を整えて追う。犬が重要な役割を果たす。ホエニワといって射手の待つマブシに猪が現われる前に犬が取り囲んで足止めをすることも少なくない。また、岩場などの逃げ場のないところに追い詰めることもある。これをタテニワというのだが、ホエニワやタテニワの猪は勢子が射止めることが多い。手負いになった猪は、まさに猪突猛進、危険きわまりない存在になるので一発で射止めることが大事である。

猪を射止めた人は、空砲を二発撃って射止めたという合図をする。そして尻尾を切り取り、「ヘェーヘェーヘェー」と声をあげる。これをトゴエという。そして、猪をオタドコまで担ぎ下ろして解体し分配することが多い。

解体された肉は参加者全員に分配される。現在は射止めた人に片腕をやり、あとは平等に人数割りにするようになっているが、昔は役割に応じて細かく分配されていたものである。分配される肉をタマスというのだが、そのタマスには次のようなものがあった。

イダマス　射止めた人に与えられるタマス。クサワキという胸の部分で、二〇貫（七五キロ）の猪だと三貫ぐらいある。

トギリダマス　トギリ役に分配するタマスである。

セコダマス　勢子に分配するタマス。

イヌダマス　昔は犬にも一人前のタマスを与えた。今は行なっていない。

カルイダマス　ニモチダマスともいい、獲物を担いでオタドコまで運ぶ人にクラシタという背中のロース部分の四分の一を与えた。これをシカタといい、二九貫の猪で二〇〇匁くらいであった。

以上がヤクダマスで、そのほか狩りに参加した全員が平等に分配されるのがカリダマスである。

解体するとき、マル（心臓）を七切れに切って竹串にさしコウザキサマに供物として奉納する。山の神が受け取ってくれたときには、串だけ残してマルは消えているという。そのときは猪がよく獲れると信じられている。

山は神の世界であり、神聖な場所であった。だから私たちは新しい歳を迎える際に山から松を迎えて門松としたり、お盆の精霊棚の花を山に採りに行くのである。これらは里人の習俗であるが、山を生活の場とし、山に棲む獣を捕って生業をたててきた狩人たちにとって、山は日常の糧を得る場であると同時に、山の神の支配する畏れ多いところであった。奥羽山地で熊狩りを行なうマタギの人びとは、狩りに出る前に精進潔斎して清浄な身体となって山に入った。そして、山では独特の山言葉を使わなければならなかった。里言葉を使うのはタブーであり、その禁を犯した場合は水垢離をとって山の神に詫びをしなければならなかったという。獲物は山の神からの授かり物だと考えられていたから、獲れたらその場で幣を捧げ、感謝の言葉を唱えた。銀鏡には独特の山言葉は伝承されていないし、狩りの前に精進潔斎をするということもなくなっているが、狩りの初めには神主を頼んで清めのお払いをし、禁を犯した場合は山の神に許しを乞うといったことは行なっているのである。

猪狩りを生業として伝えてきた銀鏡の人たちにとって、山は山の神の領域であった。銀鏡の地域内にはたくさんの山の神が祀られているが、その中心になっているのは、銀鏡の最高峰である竜房山をご神体とする銀鏡神社である。銀鏡神社の祭神は磐長姫と大山祇命とされているのだが、周知のように両神ともに山神としての性格の強い神である。銀鏡神社では、現在、磐長姫が所持していた鏡と伝えられる古鏡を御神体として崇めているが、古くは竜房山が御神体であったという。

銀鏡神社に伝わる狩法神事

銀鏡神社には狩法神事という古風な狩猟儀礼が伝えられており、冬の大祭の時に奉納されている。銀鏡神社の大祭は、もとは旧暦の一一月に行なわれていたのだが、現在では一二月一三日から一五日の三日間である。この大祭の中心は神楽である。神楽は三三番あり、一四日の夕方から一五日まで夜を徹して舞われる。狩法神事は、神楽の三二番目のシシトギリがそれに当てられている。シシトギリは、狩倉《かくら》を回って猪の足跡などを観察して獲物の潜んでいる場所の見当をつけることであるが、演目としてのシシトギリは、トギリだけではなく、この地に伝えられてきた猪狩りの様子を劇化して演ずるもので、東北地方の庭田植などと同様の意味を持った予祝的模倣儀礼である。

三一番目の鎮守の舞が終わると、舞庭の正面に立てられたシメが倒される。ヤマと呼ばれる柴垣も崩されて、それに使った柴木や竹が舞庭に積み上げられる。これがシシトギリのときの山になる。シメを倒し、ヤ

仁田四郎と猪（福島県、堤人形）

マを崩すというのは、神楽の舞台であった舞庭をなくすということであり、まだ後に第三三番の神送りの舞が残ってはいるが、神楽がここで終了したということを意味するのであろう。狩法神事としてのシシトギリが、本来の神楽とは別であったことを示しているようである。

　シシトギリは男面をつけた爺、女面の婆と素面の狩行司役の男の三人で行なわれる。昭和四〇年頃までは犬の役をする人が加わっていた。古くは勢子役の七人もいた。見物人である村人は爺、婆と呼んでいるが、男面は豊磐立命《とよいわたちのみこと》、女面は櫛磐立命だという。狩行司は白衣に白袴で手に幣と麻緒を結んだ榊の枝を持って登場する。爺は手拭いで頬被りをして面をつけ、棕櫚《しゅろ》皮《かわ》製のかつらを被り、野良着を着て棕櫚製の尻あて、脚絆をつけ、足半草履《あしなかぞうり》を履いている。そして腰には擂粉木《すりこぎ》を山刀に模して差し、背中にはメンパ（弁当箱）の入ったテゴ（籠）、胸にタカウソ（笛）、股間には大根製の大きな男根を下げ、弓矢を担いで出てくる。婆は棕櫚製のかつらを被り、その上に手拭いを被って面をつける。服装は野良着に皮製のたちあげに足半草履、背中にはメンパと小鉢を入れたテゴを負い、爺と同様に弓矢を担いでいる。爺と婆は「ほー、ほーほーほー」といった声を発しながら社務所の台所から登場してくる。ヤマを崩して積んだ山に着くまで、耳に手を当てて猪の気配を探るような所作をしたり、股間に下げた男根を振る。その姿は見物の村人の笑いを誘う。山に着くと問答をしながらトギリを始める。柴木の山の中には猪に見立てたイノコシバをつけた俎が隠されている。この俎は大祭終了後に行なわれる俎《まないた》おろしの猪雑炊《ししぞうすい》をつくるときの俎として使われる。トギリによって猪の所在がわかると、爺と婆は山のかたわらに腰をおろしてマブシワリをする。爺が「何某どーん、○○のマブシに行って下され」「○○どんは○○に頼み申す」などと狩人一人々々の名前を呼びあげて割り付けるのである。これは非常に大事な場面で、猪がよく通るマブシにあてられた狩人はよい猟があると信じられているので、爺はその狩人の集落の狩倉の主要なマブシを配当するよう気を使わなければならない。ましてや名前を落としたりしたらたいへんである。爺は口元が嘯《うそぶ》く口になっている面をつけている。爺は神なのであり、その言葉は神の声なのである。

このマブシワリは、単なる余興ではなく、狩人一人々々の猟の豊凶を占う神聖な儀式なのである。マブシワリが終わると食事をする所作がある。食事の途中で狩行司から犬が吠えていると声がかかり、その場は犬が猪を追い出して足どめしているホエニワとなる。爺と婆はメンパをしまい、弓矢をとって立ち上がり、猪を狩るということになる。滑稽な所作などがあって、二人は猪を射とめ、爺がイノコシバをつけた俎を重そうに背負って台所に帰り、それを台所の梁に吊るしてシシトギリは終わる。

シシトギリは、表面的には爺と婆の滑稽な所作と掛け合いによって猪狩りの様子をなぞったものに見えるが、そこにはこの地に伝えられてきた猪狩りの重要な作法や守らなければならない禁忌などが組み込まれているのである。

シシバ祭の心は

銀鏡の狩法神事についてもう少しつけ加えなければならない。銀鏡で狩法神事だといわれているのはシシトギリだけではないからである。

さて銀鏡神楽第三二番の演目であるシシトギリに続いて神送りが演じられ、無事に神楽は終わるのであるが、翌一六日の朝からシシバ祭と六社稲荷の祭が行なわれる。シシバ祭は、銀鏡川の河原で執行される神事で、シシトギリとは切り離されているのだが、銀鏡の人たちは、これも含めて狩法神事だと考えている。このとき、同時に行なわれる六社稲荷の祭に、宮司その他の祭員の多くが参加するので、シシバ祭は権禰宜《ごんねぎ》と二、三名の祭員だけでとり行なわれる。

シシバ祭の祭場は、銀鏡川に架けられた囲橋の上手の河原である。距離にして一〇〇メートルほどの間に、カミノコ（上の河）、ナカノコ（中の河）、シモノコ（下の河）と呼ばれている岩の鎮座している場所がある。この岩は三個ともに、それほど大きくはないが、どんな大水があっても決して流されることがないという。神石、つまり磐座《いわくら》だと考えられているのである。シシバ祭はこの三個の神石、とりわけナカノコの神石を中心に行なわれる。カミノコには勧請幣、シモノコにはササワキというイノコシバに結んだ幣を捧げるだけであるが、ナカノコには勧請幣を捧げ、さらに白米、塩、麻緒、お神酒、毛を焼いた猪の左耳を七つに切って串に差したナナキレザカナが供えられ、権禰宜がここで祝詞をあげて祈る。祭の最初に、ナカノコでオニエとして奉納された猪頭の毛がきれいに焼かれる。この焼き方はオタドコ、つまり獲物の解体場所で、猪を解体する前に毛を焼くときの作法に従って行なわれるのだという。オタドコでは、二股になった木の枝二本を支えの柱として立て、それにやはり二股になった木の枝を乗せて、その上に七本の枝を並べた棚をつくる。これをオタギというのだが、猪をその棚の上に乗せ、ハナカギというL字状の枝で猪を転がしながら満遍なく毛を焼く。それが本来の毛を焼くときの作法であった。今ではオタギを設けずに、半切りにしたドラム缶などを用いるようになっているが、シシバ祭では昔どおりにオタギをつくり、猪頭の鼻にハナカギを通してむらなく毛が焼けるように回しながら焼くのである。毛焼きが終わり、用意が整うと権禰宜が祝詞を奏上する。祝詞奏上が終わると、その場ですぐに直会《なおらい》となり、祭は終わる。オニエの猪頭の肉をオタギの残り火で焼き、塩をふりかけたものを肴として、参加者全員がお神酒をいただくという簡単なものであるが、狩りの祭にふさわしい野趣にとんだ直会である。

護王神社に奉納されている猪の紙絵馬（京都府）

ナナキレザカナは今は左耳を七切れにし串に刺したものであるが、本来は心臓でなければならなかったという。心臓をフクといった。

また、これも今は行なわれなくなっているが、前はシシバ祭に続いて合火（ヤービ）の神事が行なわれていたという。合火の神事というのは、先にも触れたように、火打ち石によって火を切り出し、その何回目に火がつくかによって狩りの日を決める神事である。シシバ祭に続いて行なわれるヤービは、俎おろしに必要なオニエを得るために行なう狩りの日を決めるためのものであった。俎おろしというのはシシトギリに猪として用い、台所の梁に吊るしていたイノコシバを結んだ俎をおろして、イノコシバを解き、この上でオニエとして奉納された猪頭の肉を切り、三串のナナキレザカナをつくり、それを銀鏡神社の本殿脇に祀られている山宮社、境内にある三宝荒神の神木、七社稲荷の三ヶ所に供える行事である。

現在は合火の神事も行なわないし、特に俎おろしのためのオニエ狩りは行なわなくなっているが、狩人たちは大祭後に獲れた最初の猪の頭を神社に奉納するし、それを用いての俎おろしは続けられている。俎おろしは宮司の大事な務めである。俎おろしのオニエを奉納した狩人には、すぐにまた獲物が授かると信じられている。

俎おろしがどういう意味を持った行事であるかについては伝えられていないのだが、銀鏡地区の狩りや銀鏡神楽について詳細に研究している須藤功氏は、俎おろしは狩りの始めに行なわれる豊猟祈願の行事ではなかったかと推定している。現在の大祭は一二月一五日を中心に行なわれており、この時期は猟の始めというわけではないが、明治初年には一〇月初旬に行なわれていたという記録があるという。もちろん旧暦の一〇月であり、現行の暦では一一月になるのだが、この頃であれば猪狩りが始まろうとする時期に当たっており、狩りを始めるにあたっての祈願と考えても不自然ではない。ヤービによってオニエ狩りの日を決め、それで獲れた猪をオニエとして大祭を行ない、シシトギリや俎おろしという一連の豊猟祈願をする。そのように考えた方が流れとしては自然である。

ところでシシバ祭は、別にナガレカンジョウ（流れ灌頂）とも呼ばれている。流れ灌頂というのは「灌頂の幡または塔婆を川や海に流して功徳を回向《えこう》する法会。特に水死人、難産で死んだ婦人、無縁仏などの供養のために行なわれるが、本来は魚類などを救うためにおこなったもの」と『日本国語大辞典』に解説されているように、仏教からきた行事で、一般には難産で亡くなった婦人などの供養のために行なわれることが多いのだが、銀鏡のシシバ祭・流れ灌頂は、前年の大祭以後に殺した猪などの獲物の霊を供養するものだとされている。

シシバ祭は獲物の霊を祀り鎮め、送るという供養ための行事であるが、その供養もまた、次なる狩りの豊かなることを祈るものだということができるだろう。

鹿

シシと鹿

銀鏡《しろみ》ではシシといえば猪のことである。九州山地では全域でそのようにいうが、それ以外の土地でも猪のことをシシというところが少なくない。また、鹿や羚羊《かもしか》をシシというところもあるし、猪と鹿をともにシシと呼ぶ土地もある。鹿の異称としてカノシシ、羚羊にアオジシまたはクラジシという異称のあることはよく知られている。イノシシ・カノシシ・アオジシを省略してシシというようになったということも考えられなくはないが、どうもそうではなさそうである。

『日本方言大辞典』によると北海道函館、秋田県雄勝郡《おがちぐん》、山形県、福島県耶麻郡《やまぐん》・南会津郡、新潟県中魚沼郡ではシシは熊のことだとある。

一般に猪や鹿、熊などをシシと呼んでいるのは、狩人やそれに準ずる山地に住む人が多い。身のまわりの山や動物を知りつくした人びとが主として用いてきた呼称なのである。シシと呼ぶにはそれなりの理由があるはずである。

ところで、シシには「宍」という漢字を当てるのだが、この「宍」という漢字について『角川漢和中辞典』は「肉の古字。今はニクに肉、シシに宍をあてて用いる」と解字している。『名語記』の六に

人の身のこえたるを、シシのあるといへる如何。
これも肉の義也。宍ともかける歟

などとあることによってもわかるように、シシという言葉は獣肉だけではなく人間をも含めた肉の総称として用いられてきた言葉なのである。現在でも肉付きのよいことを「ししおきがよい」などという。

猪や鹿、熊は日本に棲息する大型獣の代表的なものである。現在、熊や鹿はその分布域がずっと狭くなっているが、かつては日本全国の山地で見られたもので、狩りの主要な対象となっていたのである。猪や鹿、熊などが主要な獲物であったことが、これらの獣を肉の総称であるシシという言葉で呼び、それが今に伝えられているのであろう。

これらの大型獣の狩りは、単独猟で行なわれることもあっ

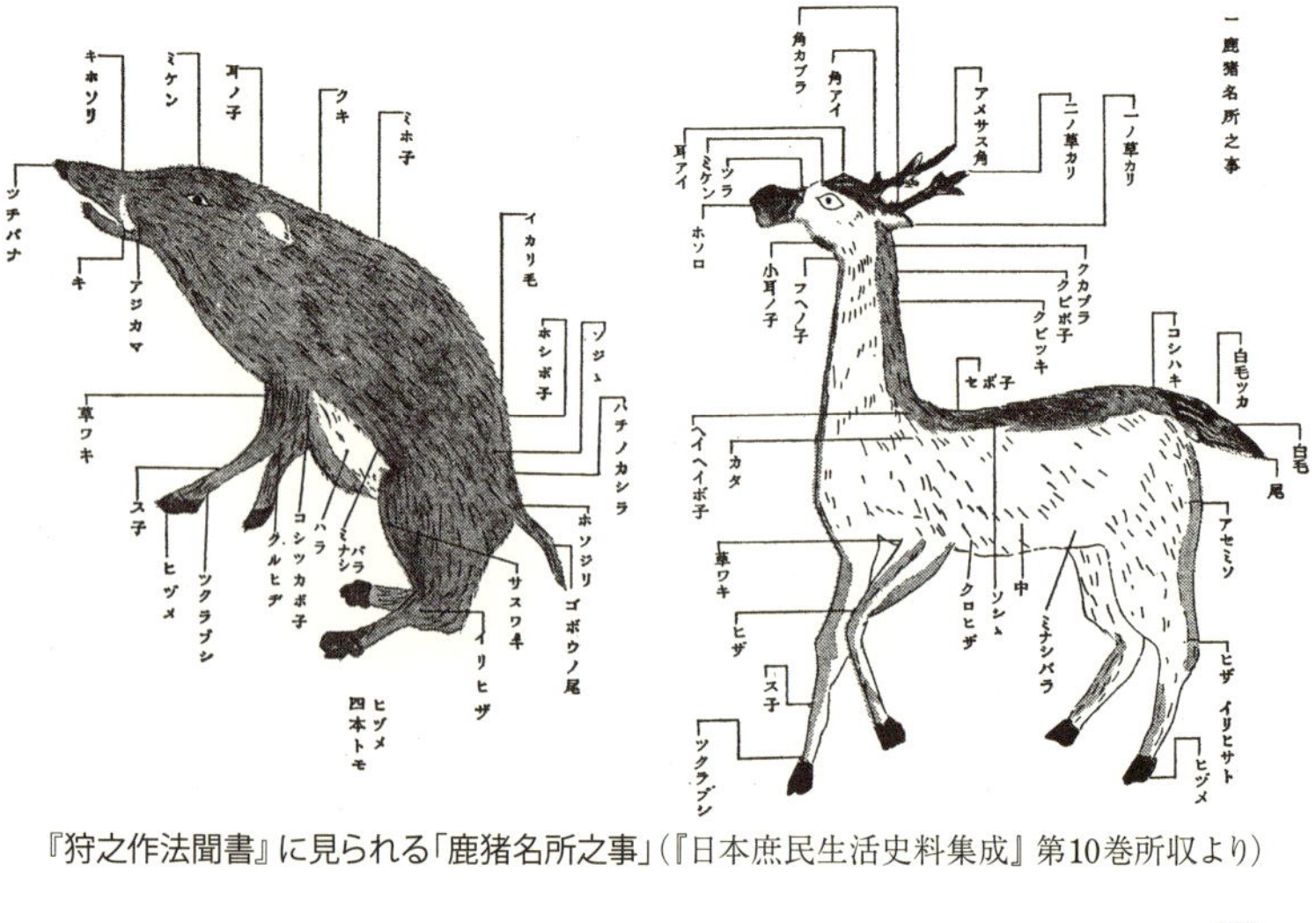

『狩之作法聞書』に見られる「鹿猪名所之事」（『日本庶民生活史料集成』第10巻所収より）

たが、集団で大規模に行なわれることも多かった。むしろ組織的に行なう集団猟が中心であったといってもよいのである。

今日、組織的な集団猟が残っているのは、先にあげた九州山地の猪猟と奥羽山地のマタギと呼ばれる狩人たちによって行なわれる熊猟くらいになってしまっているが、古くは各地で行なわれていた。昔の集団猟のありかたがどのようなものであったかは、狩りの秘伝書として伝えられている『狩詞之記』などによっても知ることができる。

中世、室町時代頃に書かれた『狩詞之記』などによって知ることのできる狩りの様子は、儀礼的な色彩の強いもので、山の神への祈願と感謝をあらわす祭文と儀礼が中心になっており、銀鏡の狩りの作法と通ずる部分が多い。銀鏡の場合は猪狩りが主体になっているのだが、『狩詞之記』などの場合は鹿が主になっているものが多い。中世の狩りの秘伝書の一つとして知られる『高忠聞書』(『美人草』)には

かりといふは鹿がりの事也、其外あるひは鷹がりなど、其名をあらはすなり。

とか、また、

かりくらといふは、鹿がりにかぎりたる事也。


などと記されていることでも察せられるように、中世には鹿狩りが狩りの中心を占めていたのである。

鹿は日本列島には北海道にタイリクジカの亜種であるエゾジカ、本州・四国・九州にニホンジカ、対馬にツシマジカが古くから多数棲息していたのだが、その肉が美味であるだけではなく角、皮、骨なども利用価値が高いことから狩りの対象として盛んに捕獲され、次第にその数を減じていった。鹿にカノシシという呼

称があることは先に紹介したが、これは香りのよい肉という意味の「香の宍」からきたものであるといわれている。

鹿は、棲息環境として林縁を好み、開けた草原や低木の疎開林を採食地として利用することが多い。急峻な斜面に棲息する羚羊とは違い、緩傾斜地や平坦地を好む傾向がある。要するに比較的人里に近い山地に出没することが多いのである。

これらの土地はまた焼畑地として利用されることの多いところであった。焼畑のことをカノとかカンノという地方は少なくない。カノシシのカノは焼畑のカノと関係のあるものではないかと考えている。

鹿は人里近くに現われることが多いというだけではなく、追われて逃げるときに矢声《やごえ》をあげると一瞬立ち止まる習性を持っていることから、弓矢で射止めることも比較的簡単であったといわれている。鉄砲が普及する近世後期から近代にかけて乱獲は著しく、北海道では、一時期ではあったが、鹿肉の缶詰工場ができ夥しい数の鹿が捕らえられたという。

入梅が明けて山の色が一段と濃くなった頃には、朝早くそこを幾組かの引鹿が通ったそうである。引鹿とは、夜の間麓近く出て餌をあさったのが、夜明けとともに山奥へ引き揚げるそれを言うたのである。あたかもその頃は鹿が毛替りして、赤毛の美しい盛りであった。それが朝露のおいた緑の草生を行っただけに、ことに目を惹いたのである。五つ六つあるいは十五、六も一列になって、山の彼方此方を引いて行った光景は、たとえようもない見事だったと言うた。

これは早川孝太郎が愛知県設楽《しだら》山中の老人から聞いて、彼の著『猪・鹿・狸』に紹介している話の一節である。『猪・鹿・狸』の初版は大正一五（一九二六）年に出版されたもので、その「二〇年ほど前まで」のこととあるから、こうした光景はまだ明治の終わり頃までは見られたものであった。

古人を惹きつけた牡鹿の啼き声

早川孝太郎が『猪・鹿・狸』に書き留めたような光景は、設楽山中のことだけではなかったに違いない。かつて日本の山野には夥しい数の鹿が棲息しており、農作物に与える被害も大きかっただろうが、その反面、先に引用したような美しい風景をつくり出し、山住みの人びとの心を和ましていたに違いないのである。日本列島に古くからいるエゾジカ、ニホンジカ、ツシマジカはいずれも哺乳綱偶蹄目シカ科に属するシカ類の中では東アジア特産とされる中・小型種のシカで、成熟した雄は一般的には美しく整った四枝の枝角を持っている。この角は春、タラの芽が萌え出づる頃になると落ちて、新しい角と生え換わる。生えたばかりの角は表面がビロードのような柔毛《にこげ》におおわれた袋角であるが、夏の終わり頃には十分に成長して、堅い角質の角になる。

雄の角が堅くなった秋から冬にかけての時期が発情期になる。発情期を迎えた雄は複数の雌を従えた群れを形成するのだが、そのために雄同士が角突きによって勝敗を競い、勝った雄が雌を獲得するのである。この時期の夜、山中ではヒヨヒヨヒューヒューと雄鹿の啼く声が聞こえる。雄鹿の啼き声はしわがれたうなり声であるが、遠く離れた場所では余韻の残る哀調を帯びた声に聞こえる。動物学者によると、雄の啼き声は他の雄を挑発する唸り声、威嚇声だというのだが、古えの都人たちはこれを雌を呼ぶ声、妻恋う声と聞き多くの和歌を残している。

夕されば小倉の山に鳴く鹿は
　今宵は鳴かずいねにけらしも

これは『万葉集』巻八（一五一一）に収載されている舒《じょ》明《めい》天皇の和歌であるが、これをはじめとして秋の山で啼く鹿を詠んだ和歌は枚挙にいとまないほどである。

日本人にとって鹿は、狩猟の対象としてばかりではなかった。その優美な姿態と哀愁を帯びた啼き声に、人々は心ひかれる何ものかを感じ、文芸の題材として取り上げ、また数多くの説話を生み出してきたのである。

次に紹介するのは『釈日本記』巻一二に記載されている「摂津国風土記」の逸文である。

老人たちの語り伝えによると、雄伴郡《おともぐん》の夢野が、刀我野（とがの）と呼ばれていた昔、ここに夫婦の鹿が棲んでいた。その夫の鹿には淡路国野島に妾鹿がおった。夫鹿はしばしば海を渡って妾鹿の元に通い、愛し合っていたという。そうしたある夜、夫鹿は自分の背中に雪が降り積もり、すすき草が生える

奈良の張り子鹿

という夢を見た。不思議なことに思い、翌朝その夢を妻鹿に語り、何の兆《きざ》しだろうと問うた。夫が妾のところに通うのを悔しく憎く思っていた妻鹿は、わざと悪く判断して、草が生えるのは矢で背中を射られるという前兆であり、また雪がその背に降り積もるのは塩を肉に塗られる兆しであるといった。そしてこの後も淡路島に渡るならば、必ず船人に射られて海で死ぬに違いない。もう往かないようにと諌《いさ》めた。しかし妾鹿恋しさにたえかねた牡鹿は、野島に渡り、その途中で船にあい、射殺されてしまった。

それから刀我野を夢野というようになった。

というのである。ちなみに夢野は現在の神戸市兵庫区夢野町附近だという。

この説話の終わりは「刀我野に立てる真牡鹿《まをしか》も、夢相のまにまに」という諺で締められている。ほぼ同様の説話が『日本書紀』巻一一、仁徳天皇三八年秋七月の項にも記されている。書紀では同じ諺が「鳴く鹿なれや、相夢《いめあわせ》のままに」となっている。鹿の夢物語が的中したように、心配していた事柄が現実となって現われる、夢合わせを軽々しく考えないように、という戒めの意味を持った諺である。夢をなんらかの前兆として占いに用いることは現在でも行なわれているのだが、ここでは単に夢というだけではなく、鹿の見た夢ということで、鹿が重要な意味を持っているのである。

古代から伝わる太占の神事

『古事記』の岩戸神話の項に次のような一節がある。

天児屋命・布刀玉命を召して、天ノ香山の真男鹿の肩を内抜きに抜きて、天ノ香山の天ノ波々伽を取りて、占いまかなわしめて……

岩戸神話は、天照大御神がスサノヲ（須佐之男命・素戔嗚尊）の悪業に怒り、天岩屋に篭ったために天地が常闇となり、悪霊がはびこりさまざまな災いが起こる。困り果てた神々が相談して、鏡や勾玉などを飾り、長鳴鶏を集めて鳴かせ、祝詞を奏上しアメノウズメノミコト（天鈿女命）が神楽を舞うなどして賑やかに囃したてたところ天照大御神が顔を出し、ふたたび天地が明るくなった。誰でもが知っている神話であるが、先の引用は諸神たちが種々の準備をして、祭壇をしつらえる前段の部分である。雄鹿の肩胛骨《けんこうこつ》をそっくり抜き取り、ハハカの木をとって占い、その占いに従って根のついた榊をたて、上枝に勾玉、中枝に八尺鏡《やたのかがみ》、下枝に白幣《しろにきて》青幣をとりつけるなどして祝詞奏上、舞ということになるのである。ハハカというのはウワミズザクラ（上溝桜）の異名で、この木もその上面に溝を刻み、その状態によって占いをするという卜占に用いるものであるが、ここでは鹿の肩胛骨による占いと、ハハカによる占いと二種の占いをしたのではなく、本居宣長が『古事記伝』に注しているように、この木の皮を燃して鹿の肩胛骨を灼《や》いたのであろう。動物の骨を灼いて占いをする灼骨《しゃっこつ》は『魏志倭人伝』にも記されており日本で古くから行なわれてきた重要な卜占の一つであった。倭人伝には「骨を灼きて卜し、以て吉凶を占い」とあり、鹿の肩胛骨とは明記してはいないが、その可能性が高い。

鹿の肩胛骨を灼いて占うことを太占《ふとまに》といった。

山野にたくさん棲み、優艶な姿態で疾走する鹿は、超自然的な世界と関わりのある何事かを伝え、告げることのできる聖なる動物だと考えられていたに違いない。

鹿の肩胛骨を灼いて大事を占う「太占」は、亀の甲羅を灼いて、その亀裂の形によって吉凶を占う「亀卜(きぼく・かめのうら)」と並ぶ古くからの代表的な卜占法であった。わが国では、先にも触れたように、集団や国の大事をトする場合には太占が主であった。亀卜が中心となったのは後のことと考えられている。亀卜は神祇官に置かれた卜部《うらべ》がこれを司っていたという。天文元(一五三二)年成立の『塵添壒嚢抄《じんてんあいのうしょう》』によると、大嘗祭にあたって御饌《みけ》を奉る悠紀田《ゆきでん》、主基田《すきでん》を定める国郡の卜定について

墨ヲ以テ亀ノ形ヲ畫テ是ヲ焼クニ、ヤケテ行方ヲトニ合ストハ云也(中略)此トヲ亀トト云也

とある。天皇即位の重要な儀式である大嘗祭の一環としての悠紀田、主基田の卜定は亀卜によって決していたのであるが、室町中期になると本来の亀甲を用いるのではなく、亀を描いた紙を用いているのである。卜部氏による亀卜も衰退していたと考えてもよいであろう。鹿骨による太占はそれ以前から中央では行なわれなくなっていたようである。

しかし、東京都青梅市の御嶽《みたけ》神社と群馬県富岡市の貫前《ぬきさき》神社では現在も太占による占いが続けられているのである。

『万葉集』巻一四(三三七四)東歌の中の武蔵国相聞歌に次の歌が載せられている。

武蔵野に占《うら》へかた焼きまさでにも
告《の》らぬ君が名　占に出にけり

「武蔵野では肩胛骨を焼いて占いをするのだが、その占いに決して口に出さないできた恋しい貴女の名前

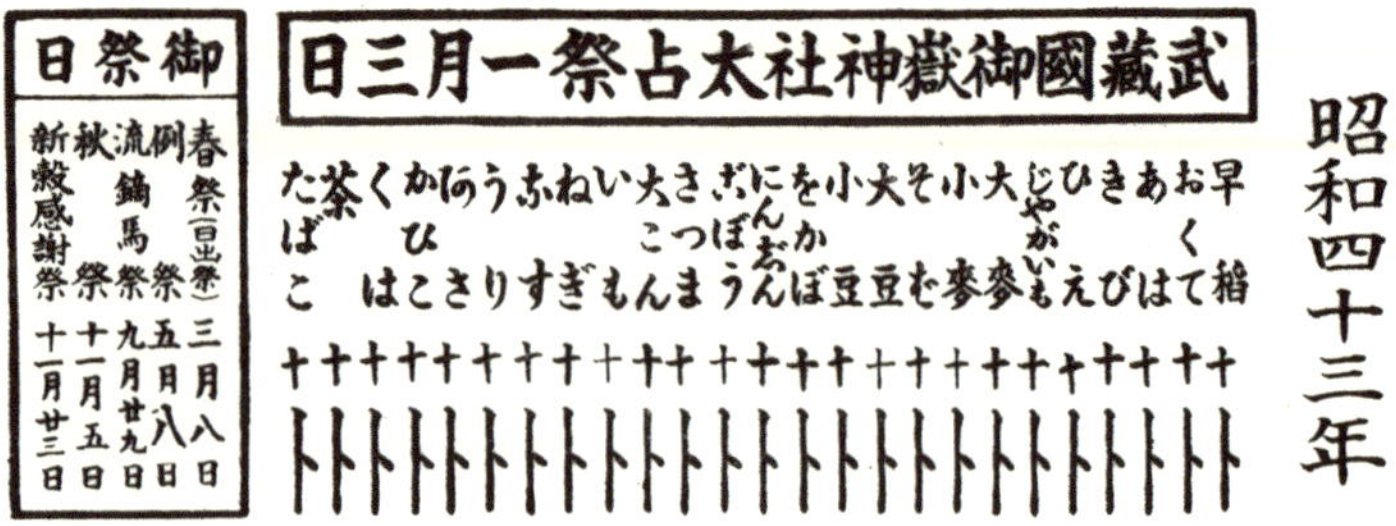

御嶽神社の太占表（東京都青梅市）

が正直にあらわれてしまった。秘めていたのに人に知られてしまった」とでもいうのであろう。「占へかた焼き」の意味は明確ではないが、素直に肩の骨を焼く占いと解釈すれば、太占である。万葉の時代から武蔵野では太占が行なわれていたと考えてよいであろう。現在は御嶽神社だけになっているが、江戸時代には他に、武蔵五日市の阿伎留《あきるの》神社でも行なわれていたということである。

東国では中央で行なわれなくなった後まで太占が行なわれており、それがわずかではあっても現在まで続けられているのである。以下に御嶽神社で毎年正月二日の深夜から三日の早暁にかけて行なわれている太占神事について簡単に紹介することにしたい。

御嶽神社では太占に用いる鹿の肩胛骨は、奥多摩町大丹波《おおたば》講中の奉納によるものである。奉納された肩胛骨は、祭の前に土に埋めて骨についた肉を腐らせ、一部突出した骨を削り、水できれいに洗ってある。太占の神事は非公開で、特定の神職（御師）のみが参加し、本殿裏の山林に設けられた斎場で行なわれる。

火鑽《ひきり》具によって鑽りだした神聖な火で神木を燃してできたオキに金網（火箸三本）を渡し、その上に鹿の骨を載せ、骨にひびが入る程度に炙る。その骨を社務所に持ち帰り、骨に生じたひび割れを計り、その割合によって占うのである。計測と割合の算出には、神事の際に他の神饌とともに本殿に供えておいた物指しと算盤が用いられる。その判定の基準は、鹿骨型にひび割れの諸相を描いた規範図があり、それと対象して決めるのだという。

御嶽神社の太占神事によって占うのは、早稲・おくての米・粟・黍に始まり、稗・麦・大豆・小豆・人参・牛蒡などから桑・茶・たばこにいたる二五種類の農作物の作柄である。占いの結果は刷り物にして春の播きつけ前までに信者に配られる。この刷り物を太占表という。信者の家ではこの太占表を見やすいところに貼っておき、播きつけの目安にしたものであった。

御嶽神社の太占は鹿の肩胛骨を炙ってできるひび割れの様相によって農作物の作柄を占うものであるが、群馬県富岡市の貫前神社の占いは、これとは異なった方法で行なわれている。その方法を伴信友の『正卜考』によって紹介しておこう。

貫前神社では現在は鹿占神事と呼んでいるが、『正卜考《せいぼくこう》』では「卜鹿神事」と記しており、「ウラワカ」と唱なうと注記している。神事の日次は、今は一二月八日になっているが、明治初年までは年に二度、二月と一二月の初辰の日に行なわれていたようである。鹿骨は甘楽郡秋畑村（現甘楽町）から奉納されたもので、長さ四・五寸、幅三・四分に削り磨いたものを用いていた。

辰の日の早朝、神人は高田川で禊をして心身を清め、午刻（一二時）に神前で神事を執行した。その方法は、盤の上に用意した鹿の肩骨をおき、清浄な火で灼いた錐《きり》で、その骨を突き、その状況によって吉凶を占うものであった。錐は五本用意された。それぞれの柄には一から五までの番号がつけられている。その錐を用いて占うのであるが、『正卜考』は次のように記している。

　世間の吉凶、また殊さらに問ふべき村里の吉凶、其のほかくさぐさの事どもをも、ひとつひとつ其の由を告して、錐を以て骨を突て卜ふるに、錐の能く貫きたるを大吉とす、通り難たるを凶とし、小吉として、すなはち凶を除くの祈禱す、錐の立ざるをば大凶として、深く畏み謹めり。

御嶽神社の太占神事での占いは農作物の作柄に限定されているのだが、ここでは「世間の吉凶、村里の吉凶、其のほかくさぐさの事ども」を占っていたのである。ちなみに、現在の貫前神社の鹿占神事での占いは、古くから縁の深い三一ヶ村の火難の占いに限られている。これは昭和初年からのことであるという。また、鹿の骨を灼いてできるひび割れではなく、灼いた錐で突いてその状況によって吉凶を占うという点が御嶽神社の太占とは大きく異なっている。

再生の喜びを詠うホカイの詞

ここに紹介するのは『万葉集』巻一六に収録されている「乞食者詠《ほかひのうた》二首」と題されたうちの一首（三八八五）で、文末に「右歌一首、為鹿述痛作之也」とあり、鹿の鎮魂の歌だと考えられている。

（前略）八重畳　平群の山に　四月《うづき》と　五月《さつき》との間に　薬狩《くすりがり》　仕ふる時に　あしひきの　片山に　二つ
立つ櫟《いちひ》が本に　梓弓《あづさゆみ》　八つ手挟《たばさ》み　ひめ鏑《かぶら》　八つ手挟み　鹿待つと　我が居る時　佐男鹿《さをしか》の　来立ち
嘆かく　たちまちに　我は死ぬべし　大君に　我は仕えむ　我が角は　み笠のはやし　我が耳は　み墨《すみ》

坩《つぼ》　我が目は　ますみの鏡　我が爪は　み弓の弓弭《ゆはず》　我が毛らは　み筆はやし　我が皮は　み箱の皮に　我が肉は　み膾《なます》はやし　我が肝《きも》も　み膾はやし　我がみげ（胃袋）は　み塩のはやし　老いはてぬ　我が身一つに　七重花咲く　八重花咲くと　申しはやさね　申しはやさね

素直に解釈すれば、平群の山で卯月から弥生にかけての頃に薬狩をなされる時、私は山の斜面に二本たっている櫟《いちい》の木の下で梓弓《あずさゆみ》を持ち、鏑矢《かぶらや》を八本脇挟みにして、鹿を待っています。そこに、佐男鹿が現われて、たちまち私は死ぬでしょう、と嘆きます。しかし、私は死んでも大君（天皇）に仕えましょう。私の角は笠の材料に、耳は墨壺、目は澄みきった鏡、爪は弓弭《ゆはず》、毛は筆、皮は箱の皮張りの皮、肉・肝は膾《なます》、胃袋は塩辛の最適の材料として役立ちます。老いさらばえた私の身体ですが、その身体一つに七重の花、八重の花が咲くと囃し、言《こと》祝《ほ》いでください、ということになるのであろう。

乞食者《ほかいひと》は、『日本国語大辞典』によると「祝福することばをつくり、唱えて、報酬を得る者。後に、人家の門で歌や祝詞を口にして食物などを乞うもの。門づけの芸人。転じて乞食《こつじき》」とあるし、また、「ほか

さまざまな鹿の絵馬

い」は「神を祝福し幸を招くこと。ことほぐこと。転じて神仏に供物などを供えてまつること」とある。万葉時代の乞食者が人家の門で歌や祝詞を唱え食物などを乞う者なのか、それ以前のホカイビトなのか単純にはいえないが、乞食者・ホカイが先に述べたような性格のものであるとすれば、この歌は単純に鹿にかわってその痛み（悲嘆）を述べる、というだけのものではないだろう。

薬狩の鏑矢にかかって身は滅びても、種々の有用なものとして再生し、天皇に仕え、ホカイ＝コトホギによって、さらに美しい七重八重の花を咲かせることができるのである。鎮魂は再生の喜びと幸せを含んでいるのである。この歌は、鹿にちなんでそういうホカイ＝コトホギをする人びとが存在したことをしめしている。

遠野の鹿踊り

シシ踊という芸能がある。

獅子頭を被って舞う獅子舞は広く全国に見られるもので、よく知られている。獅子舞には、一人が獅子頭を被って舞う一人立ち、二人あるいは数人が獅子頭につけた胴幕の中に入って舞う二人立ちの獅子舞などがある。シシ踊と呼ばれている芸能は、一人立ちで、幕を垂らした頭《かしら》を被り、腹部に太鼓または羯鼓《かっこ》をつけて踊るものである。一組が三頭のものから、さらに六頭・八頭・一二頭のものなどがある。獅子舞と同じように獅子頭を用いているものが多いのだが、岩手県から宮城県にかけて分布している鹿踊り《ししおど》は、鹿角をつけた頭を被り、腹部に太鼓をつけ、背中にササラと呼ばれている神籬《ひもろぎ》を背負って、風流唄を合唱しながら太鼓を打ち、踊るものである。この鹿踊りは、盆や雨乞いなどの際に踊られている。

岩手県遠野市の八幡神社の祭礼は九月に行なわれる。この祭礼には、近隣の村々から鹿踊りや虎舞・花笠踊りなどが数多く参加する。そして、社前はいうまでもなく、町へ出て、門付けを行なうのである。市内各所でさまざまの舞や踊りが演ぜられる様子は壮観である。これらの鹿踊りなどは、その在地では、盆などに演ぜられるもので、それが、この地方の中心地である遠野の祭礼に参加しているのである。

なお、四国愛媛県の宇和島地方にも五つ鹿踊り、八つ鹿踊りと呼ばれるものがある。これらも岩手・宮城の鹿踊りと同系統のものである。

柳田國男は明治四一（一九〇八）年八月の末、遠野を訪れたおりに見聞した鹿踊の情景を『遠野物語』の序文に、

天神の山には祭ありて獅子踊あり。ここにのみは軽く塵たち紅き物いささかひらめきて一村の緑に映じたり。獅子踊というは鹿の舞なり。鹿の角を附けたる面を被り童子

愛媛県宇和島に伝わる八つ鹿踊りの鹿面

五六人剣を抜きてこれとともに舞うなり。笛の調子高く歌は低くして側にあれども聞きがたし。日は傾きて風吹き酔いて人呼ぶ者の声も淋しく女は笑い子は走れどもなお旅愁をいかんともするあたわざりき。

と記している。

遠野地方の鹿踊りは、先に記したように、在地の村々で、盆や産土の祭などに踊られるものであるが、祭礼が行なわれる神社の社前で踊られるだけでなく、村の各家々を訪れて門口や庭先でも踊ったのである。その門付けする姿が、遠野市の祭礼に参加してもみられるのである。

万葉の乞食者の詠にみられた、薬狩で狩られた鹿の「ことほぎ」は、どこで、どのような時に、どのような姿で歌われたものであろうか。

確たる証拠は何もないのだが、東北地方の鹿踊り、とりわけ村の家々の門を訪れて舞う鹿の姿のはるか彼方に、万葉の乞食者の姿がかすかに見えるような気がする。それは単なる私の思いすごしであろうか。

釈迦仏と鹿

「中原に鹿を逐《お》う」という諺がある。地位を得るために互いに競争するといった意味だが、もともとは中国の表現で、天下の中央の平原で帝位を求めて戦うことを意味していた。ここでの鹿は、『史記』に「秦ハ其ノ鹿ヲ失ヒ、天下共ニ之ヲ逐フ」とあるのによって、帝位の象徴と考えられている。なぜ鹿がそのような意味を持ち得たのかはわからないが、少なくとも中国では古くからこのように把握していたのである。

鎌倉幕府では、将軍の嫡男は富士の裾野で鹿狩りを行なうことによって家督の継承が認められたようである。この場合は現実の鹿狩りであり、そこで実際に鹿を射るのであるが、それが家督相続の条件となるのは、単なる狩猟の問題ではなく、その鹿を特別な存在と考えていたからに違いない。射殺すからといって征服を意味するとばかりは考えられないのである。

アイヌの人びとの行なうイヨマンテの儀式のように、神聖であるが故に熊を殺し、それによって、その神聖な存在の再生を促し、その神聖さを永遠のものにするといった儀式もあるのである。

祭祀は、神の力の永遠なる継続を祈願するものであるとも考えられる。そして、神は、死と再生の儀式によってその永遠性を確保するのである。その意味では、儀式の根元はここにあるといってもいいだろう。

釈迦が悟りをひらいた後に、最初の説法を行なった場所はインドのベナレスの鹿野苑（ロクヤオン）である。古くは神仙の住処と考えられていたところで、鹿が多くいたからの名であるということである。この鹿野苑は、仏法発祥の地として大切にされてきた。

後白河院が撰んだ『梁塵秘抄』は、一二世紀の今様の類を五六〇首も収載した歌謡集であるが、その巻二（四七）の法文歌に、

阿含《あごむ》経の鹿の声　鹿野苑《ろくやをん》にぞ聞こゆなる
諦縁乗《たいえんじょう》の萩の葉に　偏真無漏《へんしんむむろ》の露ぞ置く

とある。鹿の声という表現は、もちろん鹿野苑からの発想に違いないが、少なくともここでは釈迦の説法を鹿の声にたとえているのである。

謡曲の注釈書である『謡抄《うたいしょう》』は中世末の成立であるが、その「春日龍神」の項に、

是ノ鹿野苑ト云フ所ハ、天竺波羅奈国ト云フ所ニアル也。鹿野苑ト名ヅクル故ハ、昔此ノ所ニテ仏ケ鹿ト成ツテ衆生ヲ利益シタマヘル事有リキ。是ヨリ鹿野苑トハ云フ也。

とある。『梁塵秘抄』を経て、中世ともなると、釈迦が鹿となって仏法を説いたとまで話は展開するのである。このような説が成立する背後には、釈迦仏と鹿とを同一視してもあながち無理ではないといった考えがあったからであろうと思われる。

京都の六波羅蜜寺の空也上人像が鹿の角を付けた杖を持っていることはよく知られている。それを鹿杖《かせづえ》という。同じような僧侶の姿は『法然上人絵伝』にも描かれている。

能に用いる鹿背杖《かせづえ》は撞木《しゅもく》のような形の杖で、撞木杖ともいい、鹿の角は付いていない。この鹿背杖をついて出てくるのは、「玉井」の龍王であり、「山姥」の山姥である。どちらも老体で、水中や山中という異界のモノなのである。

空也上人の持っていた杖は、次元の異なる世界との交流の道具であり、また、そのような能力を保持していることを示すものだったのではないだろうか。

鹿を神聖な存在としている神社として、奈良の春日大社、広島の厳島神社、茨城の鹿島神宮などが知られている。春日大社は、もともとは常陸の鹿島宮で、その神が白い鹿に乗って大和の三笠山の麓まで遷座されたと伝えられている。そのとき、供として従ったのが中臣《なかとみ》氏と殖栗《えくり》氏の二人であった。この中臣氏が、後に権勢をふるう藤原氏であり、それ故に春日大社は藤原氏の氏神として発展するのである。

中臣氏は、祝詞《のりと》を唱えることのできる特別な能力を持っていた。その中臣の祝詞は『延喜式』の巻八に収められている。

祝詞は、いうまでもなく、人びとに代わって神に語りかける言葉である。言葉換えていえば、祭祀に際して、神を迎え、祝福し、願いを述べる言葉である。それは、二四八頁に触れた乞食者の祝言に通じるということができるだろう。「ほかい」は「神を祝福し幸を招くこと」なのであるから、まさしく祝詞に他ならない。すでに述べたように、『万葉集』巻一六所収の「乞食者詠二首」のうちの一首は、単なる鹿の鎮魂の歌ではなく、再生の喜びを含んだ祝言なのである。

ところで、春日大社には、鹿に乗った鹿島明神を描いた鹿島立御神影や榊の木を背負った鹿を描いた春日鹿曼陀羅、あるいは、鹿の背に鏡をつけた神木を乗せた金銅の春日鹿御正体などが伝えられている。

三社託宣の掛け軸

春日大社の鹿は、もちろん、人間には見えないこのような神聖な存在を乗せているからこそ神聖なのである。しかし、先の『謡抄』の記述にみられるように、鹿そのものが神聖なる仏と一体化してくるのである。いや、むしろ、このような意識は古くからあったのではないだろうか。

とすれば、鹿の死と再生を願う祭礼があっても不思議ではない。

鹿と深い関わりを持っていた中臣氏が、祝詞を述べる能力を保持していたということは興味深い。中臣氏は、鹿を通じて異次元世界をみていたに違いない。

そして、遠野地方などの鹿踊りも、また、鹿を通じて神を想い、その再生を願う心で舞われ続けてきたのではないだろうか。

あとがき

私たちは、武蔵野美術大学短期大学部・通信教育部の連絡機関紙『連絡ニュース』（現在は『武蔵美通信』と改題）の紙面見開き二ページを借りて「暮らしの造形」というタイトルで連載を続けてきた。一回が四〇〇字詰め原稿用紙にして六枚強に写真図版一点という短いものであるが、一九九〇年四月からはじめてもう一〇年を越えた。本書に収録した文章と写真は、その五六回から一一三回までの五八回分である。

武蔵野美術大学美術資料図書館民俗資料室はおおよそ六万点ほどの民俗資料を収蔵している。周知のように民俗資料・民具と呼ばれるものは、つい最近まで日常生活の中で使われてきたありふれた道具類であり、誰でもが知っているものであった。私たちは、そういうごく普通の道具を手掛りに日本の民衆が築き上げ、伝えてきた生活と文化のありようを私たちなりに考えてみたいと思って「暮らしの造形」のシリーズを続けてきた。その最初の四四回までの分は『藁の力―民具の心と形』というタイトルで淡交社から平成八年三月に出版した。本書はそれに続くもので、十二支に因む動物を取り上げて、私たち日本人と動物との関わり、動物に対する日本人の心情とでもいうものを考えようとした、私たちなりの試みの部分である。

十二支の動物を取り上げたのは、民俗資料室収蔵の民具の中に、写真家の薗部澄さんから寄贈された四千点余りの郷土玩具類があり、その中に各地で作られている十二支に因む動物玩具がかなりたくさん含まれているし、またそれとは別に、新年に神社や寺院から授与される干支に因んだ絵馬や土鈴などもかなりたくさん収蔵されているという単純な理由からであった。十二支や干支については多くの先学によって、さまざまな角度から取り上げられており、いまさらという感も無きにしも、ではあったが、史資料類を前にしてあれこれ論議をしながら文章にしていく時間は、苦しいが楽しい時間でもあった。

連載の記事を、ご覧いただいた八坂書房の八坂安守氏が本にしてくださるという。考えの到らないところや、不足する部分もたくさんあるに違いないのだが、今の私たちには全面的に手を入れるだけの余裕もないので、若干の訂正を加える程度で、ほぼ連載時のままの状態でお願いすることにした。

ご一読いただいて、お気づきの点は遠慮なく、ご指摘・ご叱正いただければ幸いである。

これをまとめるにあたって多くの方々からご教示・ご協力いただいたのだが、とりわけ『武蔵美通信』の編集担当である磯崎哲也氏をかじめとする通信教育部のみなさん、八坂書房の八坂氏、中居恵子さんには多くのご迷惑をおかけした。ここに記していささかの感謝の意としたい。

『十二支の民俗誌』改訂新版あとがき

共著者である佐藤健一郎さんは、平成二七（二〇一四）年九月五日に亡くなられた。享年七八才であった。私にとって佐藤さんは、同僚であり、友であると同時に、学問の厳しさを教えて下さった師でもあった。あらためて、ここに学恩を感謝し、哀悼の意を表させていただく。

能楽を中心とした中世芸能史の研究者であった佐藤さんの、古典への造詣と、民俗資料への広範な目配りが、本書を大きく特徴づけている。そのことを、読みかえして、改めて強く感じた。

改訂新版にあたって、何ヵ所か不明確な個所を正し、地名、書名、および漢字の読み仮名を大幅に増やし、平成の大合併によって変更した市町村の現行名を括弧書きで示し、図版を数点追加した。

著者

佐藤健一郎（さとう・けんいちろう）
1936 年東京都生まれ
1962 年東京都立大学卒業
2007 年武蔵野美術大学名誉教授
2014 年没
著書：
『藁の力—民具の心と形』（淡交社・田村と共著）
『小絵馬—いのりとかたち』（淡交社・田村と共著）
『暦と行事の民俗誌』（八坂書房・田村と共著）
『祈りの民俗誌』（八坂書房・田村と共著）

田村善次郎（たむら・ぜんじろう）
1934 年福岡県生まれ
1957 年東京農業大学卒業
2007 年武蔵野美術大学名誉教授
著書：
『水の記憶—フォト・エッセイ』（淡交社・共著）
『民衆の生活と文化』（未来社・共著）
『ネパール周遊紀行』（武蔵野美術大学出版局）
『稼ぐ・働く・祀る・祈る』（八坂書房）ほか

工藤員功（くどう・かずよし）
1945 年北海道生まれ
1966 年武蔵野美術短期大学卒業
1989 年武蔵野美術大学専門職員
著書：
『日本民具辞典』（ぎょうせい・編集委員）
『民族文化双書 2　琉球諸島の民具』（未来社・共著）
『絵引　民具の事典』（河出書房新社・編纂）
『昔の道具』（ポプラ社・監修）ほか

十二支の民俗誌　《改訂新版》

2018年 11月25日　初版第 1 刷発行

著　者　佐藤健一郎
　　　　田村善次郎
発行者　八坂立人
印刷・製本　モリモト印刷(株)

発行所　(株)八坂書房
〒101-0064 東京都千代田区猿楽町1-4-11
TEL.03-3293-7975 FAX.03-3293-7977
URL.: http://www.yasakashobo.co.jp

ISBN 978-4-89694-256-9